Coautor Stephen P. Williams

Tradução Adriana Schwartz

ALEK WEK

A refugiada africana que virou top model internacional

Este livro segue as normas do novo ACORDO ORTOGRÁFICO

PANDA BOOKS

Esta edição foi publicada com a autorização da HarperCollins Publishers, 10 East 53rd Street, Nova York, NY, 10022.

Diretor editorial
Marcelo Duarte

Coordenadora editorial
Tatiana Fulas

Assistente editorial
Vanessa Sayuri Sawada
Juliana Paula de Souza

Assistente de arte
Daniela Fujiwara

Projeto gráfico e diagramação
Kiki Millan

Capa
Luciana Steckel

Foto da capa
Solve Sundsbo/ Art+Commerce

Preparação
Alessandra Miranda de Sá

Revisão
Juliana de Araújo Rodrigues
Carmen T. S. Costa

Impressão
Parma

CIP-BRASIL. CATALOGAÇÃO NA FONTE
SINDICATO NACIONAL DOS EDITORES DE LIVROS, RJ

Wek, Alek, 1977-
Alek Wek: a refugiada africana que virou top model internacional/ Alek Wek com Stephen P. Williams; tradução Adriana Schwartz. – São Paulo: Panda Books, 2010. 280pp.

Tradução de: Alek: from Sudanese refugee to international supermodel

ISBN 978-85-7888-054-5

1. Wek, Alek, 1977- 2. Manequins – Inglaterra – Biografia. 3. Mulheres refugiadas – Sudão – Biografia. I. Williams, Stephen P. II. Título.

10-2911 CDD: 927.4692
CDU: 929:391

2010

Panda Books
Um selo da Editora Original Ltda.
Rua Henrique Schaumann, 286, cj. 41
05413-010 – São Paulo – SP
Tel./Fax: (11) 2628-1323
edoriginal@pandabooks.com.br
www.pandabooks.com.br
twitter.com/pandabooks
blog.pandabooks.com.br
Visite também nossa página no Facebook e no Orkut.

A meu pai, Athian Wek, e minha mãe, Akuol, que me devotaram tanto carinho.

Também a minhas irmãs e irmãos maravilhosos: Athian, Ajok, Wek, Mayen, Adaw, Akuol, Athieng e Deng.

Agradecimentos

Tantas pessoas me ajudaram na jornada para sair do Sudão e, depois, no meu retorno. Agradeço em especial a minha irmã mais velha, Ajok, por me dar a oportunidade de escapar da guerra civil e emigrar para Londres. Nada disso teria sido possível sem ela. Mora Rowe, minha primeira agente em Nova York, contribuiu para minha educação como modelo e como pessoa. Inspirou-me e se manteve ao meu lado com força e bom humor. Obrigada, Mora.

Maja Edmonston, minha atual agente, acolheu-me sob seus cuidados em um momento crucial. Sem ela, não teria escrito este livro. Você tem sido tão leal!

A Chuck Bennett, vice-presidente da IMG Models, com quem sempre pude contar, o meu muitíssimo obrigada.

Várias pessoas fabulosas e criativas me ajudaram durante todos esses anos. Devo um agradecimento especial a Steven Meisel, Gilles Bensimon, Herb Ritts, Nick Knight, Peter Lindbergh, Inez van Lamsweerde e Vinoodh Matadin, Arthur Elgort, Annie Leibovitz, Michael Thompson, Mark Abrahams, David LaChapelle, Richard Burbridge, Paolo Roversi, John Galliano e Karl Lagerfeld, pelo imenso apoio.

Há tantos estilistas, maquiadores e cabeleireiros maravilhosos que me auxiliaram imensamente no decorrer dos anos. Obrigada a todos.

Sou grata à Swarovski pelo apoio generoso que tem dado à Wek 1933 e aos projetos de caridade que ajudamos.

Meus agradecimentos também à Pirelli, Motorola Red, Barneys, Gap, Bloomingdale's, Macy's, Sephora, Saks Fifth Avenue e Ann Taylor.

Minha gratidão a Oprah Winfrey, pelas palavras sinceras de apoio quando nos conhecemos. Sua boa energia permanece comigo.

Anna Wintour e sua equipe da *Vogue* têm me oferecido imensurável apoio durante a minha carreira. Sou muita grata a tudo que fizeram por mim.

Franca Sozzani, da *Vogue* italiana, e sua equipe me ajudaram desde o primeiro dia, e continuam me apoiando. Obrigada por tudo.

Meu agradecimento a todos que me ajudaram com a Wek 1933.

O Comitê Americano para Refugiados e Imigrantes me deu a oportunidade de despertar a consciência de muitos sobre o drama dos refugiados, tanto do Sudão quanto de outros lugares. Tem sido uma grande honra.

O Comitê também me apresentou às pessoas fantásticas e dedicadas da organização Médicos sem Fronteiras.

Riccardo Sala, você me inspirou em todos os sentidos. Sou tão grata a você! Obrigada a todos os meus amigos pelo suporte emocional maravilhoso que sempre me deram.

E aos meus fãs, que tornaram tudo isso possível, sou imensamente grata pelo que fizeram. Vocês me deram mais do que jamais havia imaginado ser possível.

Sou grata a Lisa Queen, minha agente literária, por fazer com que este livro se tornasse realidade.

E obrigada ao escritor Stephen P. Williams, por dar vida a este livro.

Prólogo

Enquanto arrumava as malas para ir a Londres, meu motorista ligou dizendo que estava a minha espera lá fora. Peguei apressadamente alguns cremes da "bolsa da bagunça", onde guardo meus produtos de beleza. Toda semana, empresas de cosméticos me mandam produtos de graça; eu separo os que não funcionam bem em mim e dou a minhas irmãs e amigas – não uso muita maquiagem, a não ser quando estou trabalhando. Coloquei os cremes em uma *nécessaire* da Wek 1933, a coleção de bolsas que criei. É sempre uma sensação meio estranha, embora agradável, carregar uma bolsa com o nome e a data de nascimento do meu pai gravados no fecho do zíper – é como estar em casa de novo, apesar de ser tão difícil determinar onde, exatamente, seria minha casa. Joguei, em uma de minhas maiores bolsas, a *nécessaire*, uma calça jeans (que também ganhei de presente, quando a *Vogue* americana fez uma matéria comigo), algumas camisetas e um casaco de *cashmere*. Na saída, despedi-me da assistente que ficaria responsável pelos negócios na minha ausência. O motorista abriu a porta para mim e lá fomos nós, pelo trânsito de Nova York.

Tomei uma xícara de chá na sala VIP do aeroporto antes do meu voo. Depois de embarcar, bebi um gole de água e tratei de dormir logo. Ser modelo tem destas coisas: as pessoas sempre esperam que você esteja com uma aparência ótima e descansada após atravessar o Atlântico – cansaço é proibido.

Londres foi meu quarto lar, depois da minha cidade natal, Wau, no sul do Sudão; de uma pequena vila rural onde me escondi das batalhas; e de Cartum, que foi meu primeiro lar de verdade, quando era uma criança refugiada. Por isso, tinha uma queda pela cidade. Peguei um táxi direto para o escritório do meu agente em Chelsea e cheguei lá por volta de 9h30 da manhã. Conversamos por uma hora sobre trabalhos, pagamentos e problemas. Em seguida, um carro me levou para uma sessão de fotos. Roupas. Cabelo. Maquiagem. Depois, o *set*, com pelo menos oito horas de música alta, estilistas estressados e poses excêntricas.

Enquanto meu táxi se arrastava pelo trânsito de Londres, conversei um bocado com o motorista, que morava na parte leste da cidade. É engraçado, mas nos Estados Unidos o meu sotaque britânico perde força e dá lugar a alguns americanismos ao estilo de fala *hip-hop* do Brooklin e coisas assim; no entanto, tão logo passo pela alfândega da Grã-Bretanha, meu sotaque britânico volta com tudo, no melhor estilo do leste de Londres. E eu adoro. Afinal, aprendi a falar inglês na Inglaterra, nas ruas de Hackney.

• • •

De volta ao hotel, após a sessão de fotos, pedi um bule de chá e caí na cama. Senti cansaço e solidão – sintomas peculiares que para mim são de *jetlag* –, e pensei em ir direto para a cama, mas sabia que havia melhor remédio. Vesti-me e peguei um táxi para a casa da minha mãe. No caminho, pelas ruas de Londres, passei em frente ao cabeleireiro no qual trabalhei quando adolescente. As clientes árabes que o frequentavam costumavam sussurrar umas às outras comentários maldosos sobre como eu era magra, escura e burra, sem perceber que eu também falava árabe, língua adotada pelas escolas que frequentei no Sudão. Fingia não entender os comentários. Precisava do emprego.

Minha mãe me recebeu com um sorriso largo, como de costume, e me chamou para jantar. Uma irmã e dois dos meus irmãos estavam lá, e conversamos muito em dinka, dialeto do nosso povo. Havia mais irmãos e irmãs; éramos nove ao todo. Os outros cinco estavam em diferentes pontos de Londres, Canadá e Austrália. É difícil, hoje em dia, conseguirmos juntar os nove, mas me senti muito bem por estar ali, feliz em ter ido. Minha mãe me serviu um cozido de quiabo seco com *kissra*, pão típico do Sudão, e o gosto que senti foi melhor do que o de qualquer refeição de hotel cinco estrelas que já tivesse provado.

Meu voo de manhã cedo para a Alemanha foi cancelado e cheguei atrasada à prova de roupas para um desfile naquela tarde. Mas o desfile correu bem e, em seguida, fui depressa para o hotel, pois tinha de tomar banho e me arrumar para uma festa na mesma noite. Às dez horas estava exausta e desmaiei na cama.

Na manhã seguinte peguei um voo para Milão. A cidade estava agitadíssima, repleta de modelos, maquiadores, estilistas, jornalistas e espectadores, tudo por causa do Fashion Week – uma energia imensa. Tinha oito desfiles agendados para os dias seguintes. No *backstage*, jornalistas enfiavam microfones na minha cara sem parar, pedindo que eu contasse como era ser negra, africana, uma negra africana. Comecei a me sentir como atração de zoológico. Já no hotel, liguei a televisão. Estava no canal de moda. Lá estava Alek Wek, em uma entrevista de alguma edição anterior do Fashion Week.

— É como... bem, você sabe... – disse ela.

Peguei no sono, mas não descansei de verdade.

Acordei no meio da noite ao som de tiros. Pulei da cama, buscando minhas roupas. Era a milícia lá fora. Sentia-me apavorada.

Foi então que notei uma luz por debaixo da porta do quarto. E me dei conta de onde estava: em um quarto de hotel de luxo, em Milão. Ouvi os tiros novamente. Era um caminhão recolhendo lixo de uma *piazza* sob a minha janela. Não estava no Sudão. Não havia ameaça nenhuma.

Alguns dias depois, voltei para Nova York. Na entrada da minha casa dei de cara com uma pintura a óleo de um par de sandálias sobre um fundo cinza. Pareciam chinelos de couro. Havia pintado o quadro alguns meses antes, pensando em Wau. As sandálias tinham o mesmo formato das de borracha que costumava usar quando era criança, calçados frágeis que usava quando corria pelo mato, com medo de que homens armados me pegassem e me matassem. Essas sandálias de couro representavam segurança e força, quando, por tanto tempo, o que reinou foi medo e fuga. Sempre desejei sandálias de couro quando criança. E agora, nesse quadro, eu as tinha.

Capítulo 1

Depois que nasci, a sétima de nove filhos, minha mãe e eu voltamos do hospital para a cama simples, feita de corda, numa casa construída com tijolos de concreto, em uma cidadezinha chamada Wau. Meus pais escolheram meu nome, Alek, em homenagem a uma das minhas queridas tias-avós. Alek significa "vaca malhada de preto", um dos tipos mais comuns e estimados no Sudão. É também, para o meu povo, os dinkas, um símbolo de boa sorte. Puxei o corpo comprido do meu pai – tenho por volta de 1,80 metro de altura – e da minha mãe, o sorriso. Minha pele negra veio dos dois.

Na cultura dinka, quando uma criança nasce, a família faz uma festa. Quando nasci, parentes e amigos vieram de todos os cantos, graças ao boca a boca. Havia pouquíssimos telefones onde cresci, então meu pai mencionou meu nascimento a alguém no mercado. E essa mulher contou a um homem que ia entregar arroz em um ponto mais distante da estrada. E lá, ele contou para mais alguém, que estava indo para o Sul levar um rebanho de gado em direção às aldeias. E logo, a notícia do meu nascimento havia se espalhado longe. Alguns dos meus parentes viajaram por horas nas carrocerias de caminhões ou atravessaram a pé quilômetros de terra árida, para chegar a nossa casa.

As mulheres se reuniram e confeccionaram óleos e perfumes usando ervas e cascas de árvores, que elas deixavam macerando por dias e misturavam de maneira especial, de um jeito que só os mais velhos sabem. Minha mãe conta que a casa ficou cheia de mulheres vestidas em suas túnicas tradicionais e tudo cheirava maravilhosamente bem. Por dois dias essas mulheres tomaram conta de mim e da minha mãe. Faziam um mingau especial e canja de galinha para ela comer, e passavam um pano úmido em sua testa. Minha mãe não tinha de fazer nada, só ficar deitada, tomar banhos especiais em uma banheira e deleitar-se com aromas estimulantes. E os homens trouxeram uma cabra preta para ser sacrificada, seguindo a nossa tradição. Todos comeram deliciosos bolos de milhete e outros doces, que eram regalos raros na minha família. Como mandava o costume, minha mãe ficou dentro de casa por quarenta dias e noites seguidos depois de me dar à luz.

Foi um momento raro de paz no meu país, e fui abençoada por ter sido recebida de maneira tão especial em minha chegada ao mundo. Boas-vindas ao estilo dinka.

•

Meu povo habita o sul do Sudão há milhares de anos. Temos ligação com duas grandes tribos do Leste africano, chamadas Nuer e Masai, que integram o povo nilótico, conhecidas por terem pele escura e corpos magros e altos. Existem cerca de vinte tribos dinkas no total, e cada uma se divide em grupos menores, com aldeias espalhadas por uma área enorme. A minha família é de uma região chamada Bahr el Ghazal, na parte sudoeste do país. Bahr el Ghazal é também o nome de um rio que corre através dos pântanos e planaltos de minério de ferro até juntar-se ao Nilo Branco em um lago chamado apenas No, que em inglês significa "Não". O Nilo Branco encontra-se com o Nilo Azul em Cartum, e de lá prossegue para o Egito como o rio que conhecemos com o nome de Nilo.

De acordo com as histórias que meus pais e avós contavam, parece que o Sudão sempre foi uma terra violenta. Nos séculos XVIII e XIX, comerciantes de escravos vieram a esse território, capturaram dinkas e outros povos, e os levaram ao Norte para serem vendidos nos países árabes. Diz-se que até mesmo no século XXI crianças do Sul foram escravizadas e vendidas.

O principal que se deve entender sobre meu país é que ele sempre esteve dividido entre o Norte, islâmico e árabe, e o Sul, animista e cristão. Parece que eles nunca se misturaram muito bem, e o Norte sempre tentou dominar o Sul. Os britânicos, que dominaram o Sudão do final do século XIX ao início dos anos 1950, governaram Norte e Sul separadamente, mas, na década de 1940, pouco antes da independência, cederam à pressão dos líderes islâmicos para unir o país. O governo do Norte começou a impor a cultura islâmica ao povo do Sul, cuja maioria não era muçulmana nem árabe. É claro que também havia dinheiro envolvido. Os vastos campos de petróleo do Sudão estão localizados no Sul, assim como muito terreno fértil e água.

O Sul nunca aceitou ser dominado pelos muçulmanos do Norte; em 1955, iniciou-se uma brutal guerra civil que durou até 1972. Então, nesse ano, ambos os lados assinaram o Tratado de Adis Abeba, que garantiu autonomia ao Sul do Sudão. Cinco anos depois, eu nasci.

Como nosso povo sempre foi seminômade, totalmente dependente do clima e atingido por forças políticas ao redor, acostumou-se a viver ciclos de guerras e rebeliões seguidos de paz e prosperidade, fome seguida de fartura. Nas temporadas de chuva, o povo dinka das áreas rurais vive em aldeias, em cabanas de formato cônico, com teto de palha, cultivando milhete e outras plantações. Na temporada de seca, levam o gado para acampamentos à beira de rios. Os dinkas já nascem esperando mudanças.

Esse povo nunca teve um governo central ou nada parecido, exceto o que nos foi imposto pelos líderes do Sudão. Nós nos dividimos em clãs de acordo com as famílias, e os dinkas sempre sabem muito bem a que clã pertencem. Alguns clãs mais importantes têm líderes que influenciam a tribo como um todo. Mas, em geral, os clãs se dividem em grupos menores e cada um deles tem controle sobre a quantidade necessária de terra para que não falte água nem pasto ao seu adorado gado.

Esses animais são tão essenciais aos dinkas que, apesar de meus pais terem nos criado em uma cidadezinha relativamente cosmopolita, chamada Wau, longe das aldeias de origem, minha mãe ainda mantinha cerca de 15 cabeças de gado de chifre longo em nosso terreno.

Assim como meu pai, Athian Wek, minha mãe, Akuol Parek, foi criada em uma cabana de palha em uma aldeia ao sul de Wau. Minha mãe tem um nome diferente porque na nossa cultura os filhos adotam o nome do pai. Na época em que meus pais se casaram, o Sul e o Norte estavam em plena guerra civil e tiveram de fugir. Vagaram pela África, vivendo por longos períodos em campos de refugiados e em cidades do Quênia e da República Centro-Africana, entre outros lugares. Tiveram de construir uma vida sempre como fugitivos, digamos assim.

Minha mãe deu à luz o primeiro filho quando estava exilada. Quando a paz enfim chegou ao Sul, meus pais retornaram ao Sudão e fixaram residência em Wau, uma cidade a cerca de 500 metros da fronteira com Uganda e onde na época viviam aproximadamente 70 mil pessoas. Escolheram Wau porque era relativamente sofisticada, comparada às aldeias onde haviam crescido. Por mais que tivessem um forte respeito pela tradição dinka, a vida como refugiados havia mostrado a meus pais mais do mundo do que normalmente teriam visto. Eles se deram conta de que era importante que os filhos tivessem uma boa educação e a liberdade de se casarem com quem bem escolhessem: a maioria dos casamentos nas aldeias era arranjada. Na verdade, minha mãe desafiou os pais dela para se casar com meu pai, pois a família dele não era considerada rica o bastante. Os meus pais viram que o Sudão, e o mundo em geral, estava em meio a uma grande transição e queriam que crescêssemos livres de alguns costumes tribais mais restritivos – por exemplo, a poligamia e a escarificação dos rostos –, para que pudéssemos prosperar no mundo moderno. Escolheram ficar em Wau que, por ter uma grande população dinka, respeitava os costumes tribais e ao mesmo tempo tinha boas escolas e possibilidades de trabalho.

Wau havia sido originalmente colonizada por comerciantes de escravos no século XIX, mas tinha se tornado um importante centro de comércio de algodão, tabaco, amendoim, grãos, frutas e verduras, e ainda tinha algumas pequenas fábricas. Adorava passar pela oficina do ferreiro, onde forjavam metal sobre fogueiras construídas em buracos no solo. Aqueciam o metal até que ficasse incandescente e depois batiam nele com um martelo.

Muitos dinkas moravam lá, mas também muitos joluo e muçulmanos árabes do Norte. É um lugar heterogêneo, onde as pessoas procuram viver em harmonia – pelo menos quando não estão em guerra. Grande parte da cidade foi destruída durante as rebeliões contra o governo, em 1965. Fez-se um trabalho de reconstrução depois do tratado de paz de 1972, reconstruindo até mesmo um aeroporto de relevância estratégica. Havia um hotel modesto e um pequeno cinema. Na época em que nasci, em 1977, Wau era uma cidadezinha agradável onde as mulheres compravam comida no mercado e os abutres rondavam as ruas, à procura de restos.

Cresci em uma família considerada de classe média em Wau. A classe média era razoavelmente numerosa na cidade e compunha-se na maior parte por médicos, professores e servidores públicos, que viviam em casas feitas de pedras e zinco. Havia várias pessoas mais pobres que nós, que moravam em bairros onde as casas tinham teto de palha, e os adultos trabalhavam nos campos ou faziam algum outro trabalho braçal. Praticamente não havia muitas pessoas mais ricas que nós, além de algumas que eram donas de fábricas ou outros negócios. Sempre me senti muito tranquila com o que tínhamos, embora para a maior parte das pessoas da Europa e da América aquilo fosse considerado pobreza, já que não tínhamos eletricidade nem banheiro dentro de casa, que dirá um aparelho de som, televisão ou modernos utensílios de cozinha. Tínhamos alimento suficiente, uma casa resistente e roupas simples. E por isso nos considerávamos pessoas de sorte. Antes de eu nascer, Wau tinha água encanada, mas o governo cortou o abastecimento em algum momento e com a falta de manutenção o sistema parou de funcionar. Depois disso, todos dependiam de poços e bombas de água. Mas não era uma vida ruim. Você só deveria saber aproveitar o máximo do que tinha. No quintal, pintamos em cores fortes um velho barril de petróleo e o colocamos no telhado de casa para coletar água da chuva. Que gosto bom ela tinha.

Meu pai, Athian, trabalhava no órgão educacional da região. Todas as manhãs, saía de casa vestindo terno e gravata, carregando uma pasta de couro preta. Era um homem de muito estilo: tinha cerca de 1,95 metro, era magro e bonito. Um verdadeiro *gentleman*. Não era de falar muito, mas quando o fazia era sempre direto. Esperava que você ouvisse o que ele tinha a dizer, e eu aprendi cedo que, embora fosse, em geral, de muito fácil convivência, não aceitava desaforo.

Lembro-me de uma vez quando ele mandou que saísse e varresse a varanda, e eu me recusei. Sem uma palavra, ele foi até o quintal, pegou um galho de um arbusto e me fez ficar na frente dele enquanto arrancava todas as folhas e galhinhos menores para que o galho desse um chicote de melhor qualidade. Então açoitou a parte de trás das minhas pernas três vezes e me disse que nunca mais lhe desobedecesse de novo. Acho que nunca mais o fiz.

Minha mãe, Akuol, estava sempre falando, sempre sorrindo, mas também era severa. Meus pais combinavam bem. Conheciam-se desde que eram adolescentes, e um rio profundo de confiança corria entre eles. Os homens dinkas às vezes podem ser muito dominadores, e meu pai não deixava a desejar como o homem da casa, mas era diferente dos outros dinkas. Por exemplo, escolheu não ser polígamo, embora pudesse com facilidade ter sido, pois ter várias esposas era aceitável – até esperado – na cultura dinka. E sempre consultava minha mãe antes de tomar decisões importantes. Formavam uma verdadeira equipe. Exceto quando o assunto era dinheiro. Nesse caso, minha mãe era a ditadora da família. No dia do pagamento, meu pai entregava todo o dinheiro a ela, que pagava o aluguel e comprava a comida.

Algumas vezes por ano ela nos levava ao mercado para comprarmos roupas. Às vezes eram novas; em outras, fazíamos negócio com vendedores que compravam roupas usadas por quilo e vendiam por peça, em pequenas cidades como a nossa. Essas roupas eram as que pessoas de países ricos davam em campanhas de doação. Muitas vezes usávamos camisetas com propagandas do time de futebol Manchester United ou do restaurante Jimmy's Rib Joint em Harrison, Kentucky. Não nos importávamos: as roupas eram baratas e de boa qualidade, além disso, não sabíamos ler muita coisa em inglês.

Meu pai era tão alto que se tornava difícil encontrar roupas que servissem nele. Minha mãe pegava retalhos de tecidos com os vendedores e ele decidia que tipo de terno queria, um mais casual, ou em um tecido mais formal, listrado ou xadrez, então iam a um alfaiate.

À noite, meu pai sentava-se em uma cadeira na varanda e tomava uma xícara de chá enquanto ouvia a BBC no pequeno rádio de pilha. Às vezes, sentava-me perto dele e ouvia o rádio, mas em geral minha mãe aparecia e me mandava terminar a lição de casa. A educação era algo muito importante para meus pais, e ele sempre a apoiava incondicionalmente.

— O que você aprendeu hoje? – ele me perguntava toda noite durante o jantar. — Aprendeu como governar o mundo?

— Não – tinha de dizer.

— Bem, então vá fazer o dever de casa.

E era o que eu fazia.

•

Morávamos em uma casa de dois quartos com uma varanda e um quintal murado, uma horta e espaço para as vacas. Dormiam quatro meninos no quarto dos homens, junto com meu pai, e cinco meninas no quarto das mulheres, com a minha mãe.

Os meninos eram Athian, que nasceu em 1961, na cidade natal do meu pai, Kuajok; Wek, que nasceu na Libéria em 1966, quando meus pais estavam refugiados; Mayen, nascido na Libéria em 1969; e Deng, que nasceu em Wau em 1982. Ele é o mais alto de todos agora, com quase 2 metros de altura, comparados a meu ínfimo 1,80 metro.

Além de mim, as meninas eram Ajok, que nasceu em Uganda em 1964; Adaw, nascida em Uganda em 1972; Akuol, também nascida em Uganda em 1974 e batizada com o nome da nossa mãe; e Athieng, que nasceu em Wau em 1979.

Quando ainda era menina, Ajok, Wek e Athian eram adultos e já tinham saído de casa. Quando fiz nove anos, Ajok morava em Londres com o marido, um sudanês que estagiava como arquiteto por lá. Havia ainda muitas crianças, além de mim, para manter nossos pais ocupados.

•

Nosso quintal era de terra batida, que não atraía cobras nem outros animais. Tínhamos mangueiras e mamoeiros, e minha mãe plantava algumas carreiras de quiabo e tomate. Não havia água encanada nem eletricidade, portanto usávamos um banheiro externo e folhas de planta ou de jornal em vez de papel higiênico. Na cozinha, algumas panelas e uma frigideira. Os quartos eram mobiliados com bancos e cadeiras, e dormíamos em camas feitas de corda trançada.

Não posso dizer que tivemos muito luxo, porém desfrutávamos de mais do que muita gente. A pobreza é relativa, e, comparados a tantas pessoas que tinham dificuldade de conseguir colocar comida na mesa, estávamos muito bem. Por outro lado, tínhamos vizinhos que usufruíam de geradores elétricos, água quente encanada e outros confortos que nem imaginávamos ter um dia. A verdade era que nunca pensávamos nessas coisas. Raramente comíamos um banquete, mas nunca morremos de fome. Sempre tivemos roupas, mesmo que fossem passadas dos mais velhos aos mais novos.

Cresci de maneira tipicamente dinka, seguindo a minha mãe de lá pra cá até começar a escola. Ela tinha um grande espírito empreendedor e sempre tentava ganhar um dinheiro extra. Cultivava algo na horta ou alugava um pedaço de terra e plantava grãos, como amendoim, por exemplo, para depois vender no mercado. Chegou a fermentar bebidas alcoólicas em um alambique doméstico. As pessoas adoravam a bebida que ela preparava: era pura, forte e gostosa – era o que diziam. Ela nunca bebia e eu nunca provei. Meu pai, sim. Uma vez ou outra ele encontrava os amigos para beber um pouco. Minha mãe ficava furiosa.

— O que foi que lhe disse? – ela gritava. — Para que beber?

Meu pai meio que dava um sorriso e dizia que ia sim tomar uma bebidinha de vez em quando se quisesse, e, se ela não gostasse, que fosse cuidar dos assuntos dela e o deixasse em paz. Ele bebia em tão raras ocasiões que não chegava a ser um problema, mas minha mãe, por princípio, odiava que pessoas se embebedassem. Para ela, era tão condenável quanto ser preguiçoso.

Sempre havia trabalho a ser feito. Toda manhã minha mãe acordava antes de todos da casa e tirava leite das vacas. Depois nos acordava e nos dava uma xícara de chá e um pouco de pão, e este era em geral o café da manhã – nunca fazíamos mais de duas refeições ao dia e, com frequência, fazíamos apenas uma, ou mesmo nenhuma, se o dinheiro estivesse escasso e não houvesse nada maduro na horta. Era assim que comíamos; ninguém reclamava nem pensava duas vezes a respeito. Leva muito tempo para se morrer de fome e eu aprendi cedo a não reclamar se fôssemos forçados a pular uma refeição, ou algumas. Um pouco de fome não mata ninguém, mesmo que reduza um pouco as forças e o ânimo. Com certeza o fará valorizar a comida que recebe. Após tomar o chá, fazíamos as camas e arrumávamos os quartos. Então varríamos a casa e lavávamos o chão, antes de sairmos para o quintal.

— Não esqueçam de catar o esterco – minha mãe dizia.

Bem, os dinkas têm uma relação especial com as vacas, por isso a ideia de recolher esterco não é assim tão ruim para nós. Estrume de vaca é algo bem limpo na realidade – afinal, é só mato e água. E não é só o estrume. Não raro, meninos das aldeias que pastoreiam gado põem a cabeça embaixo da vaca quando ela está urinando, para que o líquido caia sobre cabeças e corpos. Isso porque a urina das vacas mata os piolhos e afasta os mosquitos. É apenas uma forma diferente de olhar o mundo. Se pensar bem, é muito inteligente da parte deles cuidar da infestação que os acomete dessa maneira, já que remédios, repelentes e inseticidas são bastante escassos na região rural.

A mim não importava ter de recolher o esterco com as mãos e jogá-lo em uma pilha no canto do quintal. Sequer cheirava mal. Deixávamos o esterco secando enquanto íamos à escola e à noite o queimávamos – a fumaça repelia os mosquitos. E esfregávamos as cinzas no couro das vacas para dificultar a vida dos carrapatos. Às vezes, usávamos as cinzas – que tinham sido purificadas por terem sido queimadas

– como pasta dental. Não tínhamos escovas de dente de plástico naquela época. Mastigávamos gravetos até que ficassem macios e depois os esfregávamos nos dentes e gengivas. Só isso já funcionava bem, mas o resultado era ainda melhor com o esterco em pó. Anos depois, aos 26 anos, fui ao dentista pela primeira vez. Ele disse que meus dentes eram incrivelmente saudáveis, então, com certeza, acredito no uso de gravetos e esterco em pó para uma boa higiene oral! Embora admita que desde que saí da África tenha começado a usar escova de dentes e pasta, já que não tinha mais vacas.

•

Minha mãe era amorosa e nos tratava muito bem. Em geral, espera-se que as crianças dinkas ouçam os mais velhos e fiquem de boca fechada. Isso vale em particular nas aldeias. Meus pais normalmente eram tranquilos e não exigiam demais, mas esperavam que os respeitássemos. Minha mãe nos amava, mas nos criou com mão de ferro – às vezes com a ajuda de um galho que ela usava se passássemos muito dos limites. Eu era uma menina levada, sempre subindo em árvores e muros, e algumas vezes simplesmente não obedecia. Era muito amiga de uma vizinha chamada Sarah que vivia perto de nós, e às vezes saía escondido depois que a noite caía, pulava o muro até chegar à casa dela, e brincávamos e cantarolávamos músicas no quintal. Uma noite cheguei em casa toda suja dos muros de terra batida e minha mãe falou:

— Olhe só para você. Acabou com as roupas com essa mania de sair escalando por aí.

Ela estava furiosa. Corri e tentei me esconder, mas ela não estava de brincadeira. Foi ao quintal e arrancou um galho de um arbusto. Então me encontrou escondida atrás do barril de água da chuva. Tudo aconteceu tão rápido! Só sei que meu traseiro estava ardendo antes que conseguisse correr de novo.

Apanhar dessa forma era normal na minha cultura. Os pais açoitavam os filhos para mantê-los na linha. A maioria, como os meus, só o fazia quando sentia que era absolutamente necessário. Os professores também. Só depois que fui para uma escola dirigida por freiras italianas é que percebi que nem todos os adultos batiam em crianças.

Essa escola foi a minha favorita. Como tantas outras coisas boas na nossa cidade, era dirigida não pelo governo, mas por missionários cristãos vindos da Europa. Pessoas que vinham de todas as partes do mundo para ajudar a melhorar as nossas vidas, pouco a pouco. O mundo sabia que a guerra civil havia destruído grande parte do país e feito muitos refugiados, vários dos quais foram parar em Wau sem grandes perspectivas de futuro. Organizações de assistência enviavam voluntários para ajudar as pessoas que passavam necessidades. Com frequência, eram missionários querendo nos converter para a religião deles, e muitas vezes conseguiam, razão de haver tantos dinkas cristãos. Mas algumas das organizações não se preocupavam com assuntos religiosos e apenas implementavam planos simples para tornar as coisas melhores. A Unicef (Fundo das Nações Unidas para a Infância) fez uma das melhores coisas já vistas em Wau. Construíram pela cidade uma série de poços com bombeamento. Serei eternamente grata por aquela água limpa. Tive sorte, pois fizeram um bem perto da minha casa. Muitos andavam por horas todos os dias para coletar água, mas nós precisávamos andar só um pouco.

Quando fiquei mais velha, minha mãe me mandava buscar água no poço todos os dias pela manhã e à noite, e eu gostava. Tinha de ficar em casa após a escola, trabalhando ou fazendo deveres escolares, então a ida ao poço era uma das raras chances de encontrar meus amigos. Conversávamos sobre um monte de coisas – professores, outras crianças – ou brincávamos. Certa vez, quando estávamos brincando, fui jogada na tina que coletava a água e tive de ir para casa encharcada. Minha mãe não gostou nem um pouco.

• • •

Mais raramente, conseguia dar uma fugidinha para um lugar que eu amava. Perto do poço, um caminho através do mato levava ao ponto mais alto da cidade. Grandes acácias faziam sombra no caminho e na subida havia altas árvores, carités, que chamávamos de *lulu*. Às vezes, via mulheres juntando os frutos de carité, que eram castanhas. Em seguida os amassavam, para obter a chamada manteiga de carité, hidratante muito apreciado. Lá do morro eu conseguia ver longe, quilômetros de um vasto planalto que cercava Wau. Sentava na grama e fixava o olhar no horizonte, buscando ver aviões que chegavam e partiam do aeroporto. O brilho dos raios de sol refletido nas asas do avião me deixava quase hipnotizada, imaginando de onde havia partido e que tipo de pessoas estavam a bordo. Estrangeiros bem-vestidos de algum lugar distante, com certeza. De um lugar mais distante do que Cartum. Do outro lado do mundo, talvez. Amava minha cidade natal, minha família, nossa casa, mas também amava a ideia de voar através do infinito céu azul, em direção a um lugar fascinante.

Sabia qual era essa sensação porque, com apenas cinco anos, havia andado em um daqueles aviões, completamente sozinha, quando me mandaram para um tratamento médico em Cartum. Desde bebê eu tinha uma psoríase séria por todo o corpo. Ninguém sabia o que fazer. Causava coceira, e eu coçava a pele até sangrar. Com frequência inflamava e produzia pus. Meu corpo ficava coberto de casquinhas. Pernas, braços, peito, até o rosto. As palmas das mãos rachavam e a dor era menor se eu ficasse com as mãos fechadas, pois assim não esticava as feridas.

— Alek, abra as mãos – minha mãe sempre dizia. — Se ficar com elas fechadas, vão cicatrizar desse jeito e nunca mais vai conseguir abri-las de novo.

Ela odiava me ver sofrer. Quando sentia vontade de chorar de dor, escondia-me em um canto onde ela não pudesse me ver, porque, quando via, parecia que também ia começar a chorar. Tive feridas até na sola dos pés, e andar sobre elas só piorava a situação. Às vezes, via a minha carne exposta nas rachaduras, e todo aquele pus; sentia tanta vergonha! Mas tive de me acostumar. Minha pele ficou cinzenta e esbranquiçada. Minha mãe raspava a minha cabeça e passava vaselina no couro cabeludo para que não descamasse.

É tão estranho pensar que mais tarde fui ganhar a vida com a minha aparência, depois de me parecer tantos anos com um monstro. Sorte a minha que não tínhamos nenhum espelho.

Minha mãe entrou em desespero, porque nada que ela fazia resolvia. Vestiu-me com meu único vestido bom, um larguinho de algodão, com listrinhas amarelas e rosas, e bolsos de *patchwork*. Fomos a uma lojinha de madeira, perto do mercado. Ela bateu na persiana que cobria a janela.

— Sim, um minuto, por favor – veio a voz do lojista.

Não costumávamos ir a essa loja. O homem abriu a persiana e ficou nos observando com olhos vermelhos. Atrás dele, prateleiras com cerveja e outras bebidas alcoólicas. Havia no balcão um balde plástico cheio de fósforos, e também uma lata repleta de cigarros a granel.

— Seis cigarros e uma garrafa pequena de pinga – minha mãe pediu.

Fiquei chocada.

— Mas você não bebe! – falei.

— E também não fumo – ela respondeu.

— Então pra que é isso?

— Não tem motivo pra uma garotinha chamada Alek perguntar nada. Essa garotinha sempre tem perguntas. Quando for a hora, você descobrirá.

O lojista embrulhou os cigarros em um pedaço de jornal e depois fez o mesmo com a garrafa, antes de entregar à minha mãe, que rapidamente escondeu os pacotes no bolso.

Continuamos descendo o morro em direção a uma área de Wau da qual sempre havia sido proibida de me aproximar. Era do outro lado da linha do trem. Camponeses viviam lá, em geral em casas feitas de barro ou mesmo em tendas de paus e tecido. As crianças corriam nuas na terra.

Chegamos a um pequeno sítio, com flores amarelas brotando em uma videira sobre a cerca e ervas em potes perto da entrada de uma pequena construção de madeira.

— Chegamos – anunciou minha mãe.

— O quê?

— Tem um homem aqui que vai dar uma olhada na sua pele. Ele tem poderes especiais.

Meu estômago deu um nó de tanto nervoso. Então senti o cheiro das cabras: aquele odor de coisa velha, azeda, era de revirar o estômago. Podia ver um bando delas e um balde de leite de cabra em cima de uma pedra, sob o sol, juntando moscas. Senti vontade de vomitar.

Minha mãe chamou alguém.

— O que você quer comigo? – indagou a voz de um homem.

— Vim com a minha filha – minha mãe respondeu.

Ele abriu a porta, por onde saiu uma fumaça que vinha do fogão. E ele seguiu a fumaça, parecendo sair de um conto de fadas. Tinha *dreadlocks* nos cabelos cinza e duros, uma barba franzina trançada com contas e olhos amarelados. As roupas esfarrapadas estavam costuradas com uma corda trançada e ele usava um colar de penas. Tinha certeza de que era um vagabundo. Por que minha mãe havia me levado ali?

— Olhe só para você – ele falou, examinando meu antebraço. — Você precisa de ajuda.

Negociou um preço com a minha mãe – ela lhe traria um saco de amendoins. O odor dos animais e da fumaça se intensificou quando entramos na casa escura. Alguns raios de luz se infiltravam pelas frestas nas paredes feitas de tábua.

— Tabaco? – pediu ele.

Minha mãe lhe entregou os cigarros e a garrafa de pinga.

— Fique em pé – ele me disse.

Pegou um punhado de ervas frescas e as sacudiu em volta do meu corpo enquanto murmurava preces para Deus – ou para o demônio, como poderia saber? Esfregou as ervas nos meus braços e rosto para liberar as essências, e depois raspou a minha pele com uma fina espátula de madeira. Após terminar, mostrou-me um monte de grânulos que disse ter tirado da minha pele. Pareciam grãos de milhete podres. Era nojento, e eu sabia que era uma farsa. Olhou-me de maneira estranha, como se soubesse exatamente o que se passava na minha cabeça. Então sorveu uma golada da bebida e cuspiu, pulverizando o líquido sobre a minha pele. Abriu o pacote de jornal, pegou um cigarro e verificou a marca. Sorriu. Minha mãe tinha comprado uma falsificação do Marlboro, que era mais caro que as marcas sudanesas. Acendeu um cigarro e soltou baforadas curtas de fumaça no meu rosto, fazendo-me tossir. Depois deu uma tragada profunda, queimando pelo menos um quarto do cigarro, e soltou a fumaça, que formou uma nuvem. Abanou as mãos para que todo o meu corpo fosse envolvido.

— Pronto – disse. — Espere lá fora.

Esperei no quintal, com minha pele coçando absurdamente, até que minha mãe saiu com um pacote de ervas. Durante todo o caminho para casa me esforcei para não me coçar, pois não queria que minha mãe pensasse que havia desperdiçado tempo e dinheiro com esse curandeiro. Mas sabia que era essa a verdade.

Em casa, minha mãe fez uma infusão com as ervas, até que se formasse um líquido grosso e amargo, que me dava ânsia de vômito. Passei duas semanas temendo minha dose matinal desse preparado. Obviamente não ajudou em nada. Minha pele continuava coçando, sangrando e com pus. Ela me levou a vários outros curandeiros, todos estranhos e um tanto assustadores, mas nenhum me curou. Eu via a tristeza e a expressão de desesperança nos olhos dela.

Certo dia, decidiu que eu devia ir a Cartum. Meu pai estava lá, tratando de uma fratura no quadril. Tinha sofrido um acidente de bicicleta; em uma noite escura, caíra dentro de um buraco fundo na estrada, não muito longe da nossa casa. Em Cartum, os médicos inseriram pinos de aço nos ossos para juntá-los. Meu pai ficava com meu tio, que era médico, e com o meu irmão Athian, enquanto se recuperava. Minha mãe pensou que, se havia alguém que podia me ajudar, esse alguém era o meu tio. Também pensou que seria bom para mim visitar meu pai. Então, certa manhã, colocou uma muda de roupas minhas em uma mala pequena e andamos por quilômetros além dos limites da cidade, em direção ao aeroporto. Chegando lá, pediu que as aeromoças tomassem conta de mim e eu saí andando pela pista e subi as escadas do avião. As hélices eram imponentes; não havia dúvida de que conseguiriam nos carregar no ar sobre o deserto.

Dentro do avião, sentei-me no assento mais confortável que já tinha experimentado. Dava para ver o piloto no *cockpit*, com todos aqueles botões e comandos complicados. Era excitante, mas ao mesmo tempo não era fácil deixar a minha mãe. Olhando pela janelinha, eu a vi na beira da pista de decolagem. Acenei e acenei, mas ela não acenou de volta. Acho que não conseguia me ver. O avião decolou e sobrevoamos as vastas planícies bem do alto, até chegar à cidade. Athian me encontrou no aeroporto e fiquei em Cartum por meses, indo a vários médicos que afirmavam que minha psoríase era incurável. Até que um dia minha mãe mandou um recado dizendo que eu deveria voltar a Wau e à escola. De volta a Wau, minha pele piorou ainda mais. Fomos a mais curandeiros. Nada resolvia. Quando estava com sete anos, minha mãe conseguiu de alguma maneira me internar em um hospital de missionários alemães, que ficava a cerca de uma hora a pé da cidade, perto do rio Jur. Os alemães eram conhecidos pela competência em tratar problemas dermatológicos, portanto acreditamos que conseguiriam me curar. Lembro bem que, em um dos primeiros dias lá, um médico alemão olhou para mim e exclamou: "Oh, meu Deus", e deixou a sala. Só para se ter uma ideia de como a situação era ruim.

Fiquei naquele hospital por um mês. Passavam cremes no meu corpo e envolviam minhas pernas e braços em ataduras. Era enlouquecedor não conseguir me coçar, mas melhorou um pouco. A comida era boa e eu descansava sob o sol. Mas me sentia tão sozinha! Meus pais vinham me visitar sempre que podiam, porém era longe demais para que viessem todos os dias. Sentia muitas saudades da minha mãe. Às vezes, ela dormia no hospital por alguns dias, mas não com muita frequência, já que tinha meus irmãos em casa para cuidar.

O hospital era como um labirinto: havia uma varanda para a qual os quartos davam e um pátio oculto, repleto de flores. Era muito limpo e agradável. Enfim, minha pele sarou e me deram alta. Sentia-me tão bem! Mas, assim que parei com o tratamento, a psoríase voltou e comecei a me coçar de novo, até sangrar. Que angústia. Não podia espremer um limão sem que minhas mãos ardessem com o sumo que entrava nas rachaduras. As outras crianças às vezes caçoavam de mim. Eu odiava. Não me sentia normal.

Acho que os anos que passei sofrendo de psoríase me ensinaram a não levar a beleza tão a sério. Olhar para uma pessoa e julgá-la – dizer se é feia ou bonita – não tem muito sentido. A beleza é uma questão bem mais profunda. Sei disso porque fui feia a maior parte da minha infância, e, depois que a pele sarou, começaram a me achar bonita, mas eu continuava a ser a mesma pessoa, com um lado belo e outro feio, como todo mundo. Não havia nada essencialmente diferente em mim, só a pele é que estava melhor.

•

Exceto o problema de pele, minha infância foi muito boa. Várias manhãs, quando não estava na escola, ia ao mercado com minha mãe comprar carnes e legumes de uma mulher que trazia mantimentos das áreas rurais nos lombos de burros. A carne às vezes era bem nojenta, porque ficava cortada em pedaços e exposta sobre mesas ao ar livre, rodeada de moscas. Era preciso cozinhar bem para matar possíveis parasitas. Como não havia outra alternativa, não pensávamos muito a respeito. No mercado se achava de tudo, até mesmo grandes cupins assados e crocantes que as pessoas comiam como salgadinhos.

Uma das comidas de que mais gostava era um pão achatado chamado *kissra*. Para prepará-lo, você faz uma massa à base de milho e outros grãos, derrama em uma frigideira e depois espalha a massa com folha de palmeira. Quando o pão estiver pronto, você o tira da frigideira e empilha sobre os outros que já fez, como as panquecas dos Estados Unidos. O pão é servido com cozidos.

Tinha o *ni'aimiya*, cozido feito com cebolas, temperos, amendoins e quiabo ou carne, e às vezes misturava-se a ele leite ou iogurte. Havia outros cozidos que me apraziam ainda mais: *waika*, *bussaara* e *sabaroag*, que eram feitos com pó de quiabo seco e por vezes levavam batatas, beringelas e temperos. Nosso prato principal do dia a dia era um mingau de trigo ou de milho chamado *asseeda*. Às vezes, minha mãe servia o mingau com um prato à base de peixe seco chamado *kajaik*.

Em ocasiões especiais, é costume se preparar *elmara-ara* ou *umfitit*, pratos crus feitos com miúdos de carneiro, cebola, pasta de amendoim e sal. Adorava as raras ocasiões em que tomávamos sopas, como a chamada *kawar'i*, feita com patas de vaca e legumes, ou a chamada *elmussalammiya*, que leva fígado, farinha, tâmaras e temperos. Bebíamos geralmente chá ou água, e por vezes leite. De vez em quando tomávamos suco de frutas, que fazíamos com a polpa da laranja e do limão misturada com água.

Minha mãe me conta que eu tinha minha própria e exclusiva dieta quando era criança: gostava de comer areia.

— Pegava você lambendo a areia das paredes – dizia. — Sempre a pegava colocando areia na boca.

Ela acha que a areia foi a causa da minha psoríase, mas eu duvido. Não sei por que comia areia. Sei que algumas pessoas comem terra, e os cientistas dizem que é uma forma de conseguirem os minerais de que precisam. Não consigo imaginar o que, mas de repente faltava alguma coisa na minha alimentação. Vai saber! Achava minha infância absolutamente comum. Até os tanques chegarem. Quando tinha oito anos, grandes comboios barulhentos de tanques armados, repletos de soldados, entraram em Wau. Tudo mudou.

Capítulo 2

Foi chocante o barulho dos caminhões que atravessavam as ruas da minha cidadezinha e a visão de homens em uniformes verdes se recostando contra os muros das casas dos meus amigos. Wau não era mais minha terra simples; era uma zona militar, com rebeldes nas periferias, soldados na cidade, e milícias fora da lei levando terror a todos os lugares. Não podia mais sequer subir o morro para contemplar aviões, porque os soldados mantinham lá equipamentos de comunicação e desconfiariam do que uma pequena garota dinka pudesse estar fazendo.

Por meses a fio, apenas aviões militares tinham sido autorizados a pousar no aeroporto, portanto sabia que muitos soldados estavam vindo para a região. Tinham sido bastante discretos por um tempo; quase não os via nas ruas. Mas agora não podia ir à escola sem passar por muitas armas e até tanques. Ficava maravilhada com o maquinário. Era difícil imaginar que pudessem se virar contra mim, mas, quando minha mãe ordenou que não ficássemos vagando pelas ruas, porque eles eram perigosos demais, comecei a perceber que os soldados não estavam lá necessariamente para me proteger. Meus pais não nos deixavam mais sair, de jeito nenhum, depois que escurecia.

Entretanto, tentamos continuar com nossas atividades rotineiras. Minha mãe ainda levava as vacas ao pasto e sempre tínhamos de buscar água no poço. Certa tarde, eu e minha irmã mais nova, Athieng, colocamos as jarras de plástico na cabeça e fomos buscar água. Chegando lá, encontramos outras crianças e começamos a brincar de esconde-esconde. Adorava brincar com Athieng, porque ela, ao contrário dos meus outros irmãos, não ficava me dando ordens. Na verdade, tinha-me como exemplo.

Estávamos no meu esconderijo predileto, atrás de uma acácia grande e antiga – por alguma razão, todos sempre se esqueciam de procurar lá. Após algum tempo, fizemos uma pausa para beber água. De repente, a luz do dia se transformou naquele amarelo forte que você só vê no equador, e percebi que o sol estava se pondo. Mamãe ia ficar preocupada.

— Temos de ir pra casa – falei, pegando Athieng pelo braço.

Enchemos as jarras e saímos em disparada; pingos de água caíam pelo rosto, pois não havíamos fechado as tampas direito. Instruí minha irmã para que mantivesse o olhar voltado ao chão sempre que cruzássemos com alguém no caminho. A escuridão deixava as milícias sedentas por roubar e atirar. Não deixaria que ninguém machucasse minha irmã.

Um tanque de guerra militar passou, levantando poeira vermelha. Um dos soldados em uniforme camuflado olhou para mim por sob a boina verde. Tinha dentes brancos e passou a língua nos lábios ressequidos enquanto nos observava.

Corremos pela rua, passando por mais caminhões no caminho. Capacetes, armas e bombas de gás penduradas nas laterais dos veículos. Os soldados pareciam satisfeitos, entusiasmados, prontos para agir. Aquilo me aterrorizou profundamente. Eu e minha irmã corremos para dentro do quintal e fechamos apressadamente o portão, tentando com isso manter o mundo do lado de fora. Lá estavam as vacas e a horta de nossa mãe. Era uma sensação boa a de estar em casa.

Lá dentro, minha mãe e meu pai estavam curvados sobre o rádio, que ouviam em volume bem baixo. Minha mãe desviou os olhos para cima, colocou o dedo na frente da boca e recomendou:

— Shhhh... Fechem a porta.

Ouviam a estação de rádio dos rebeldes, que era ilegal. Ai de quem fosse pego ouvindo aquilo. Na rádio, o locutor dizia que o conflito havia chegado a Wau.

— Guerra? – perguntei.

Meu pai concordou com a cabeça. A guerra havia recomeçado, depois de dez anos de paz. Estavam ocultando isso de nós, crianças, na esperança de que Wau fosse poupada. Mas agora era tarde demais.

•

A segunda guerra civil teve início em 1983, quando eu tinha seis anos, após o líder rebelde John Garang ter formado o Exército de Libertação do Povo Sudanês, para combater as tropas do Norte que tentavam dominar o Sul. Grupos de fanáticos muçulmanos ameaçavam depor o presidente Gaafar Nimeiry do poder e ele decidira sucumbir aos anseios dos fanáticos conservadores, não permitindo mais que o Sul mantivesse sua autonomia.

Gaafar Nimeiry anunciou que, a partir de então, todo o país deveria se tornar uma região árabe muçulmana. O Norte foi atingido primeiro. Ele declarou estado de emergência naquela parte do país e suspendeu a maior parte dos direitos constitucionais, substituindo os tribunais do Norte por "tribunais emergenciais", fundamentados na xariá. A xariá é um sistema pelo qual clérigos muçulmanos podem interpretar o Alcorão e ensinamentos islâmicos para decidir como as pessoas devem viver. É comumente chamada "lei islâmica" e pode ser muito severa, prevendo amputações e apedrejamentos de caráter punitivo como castigo a quem comete adultério ou vende bebida alcoólica. Aos não muçulmanos eram concedidos menos direitos, pois, assim como as mulheres, eram considerados cidadãos de segunda classe. Não havia escapatória; era a nova lei.

Não demorou muito até ouvirmos falar de ladrões que andavam cabisbaixos pelas ruas de Cartum com uma mão amputada, como punição pelos crimes. Lá também um corretor de câmbio foi enforcado por ter notas de moeda estrangeira no bolso. Mulheres empreendedoras foram chicoteadas por venderem bebidas alcoólicas. Líderes da oposição foram presos. Temendo as investidas de Nimeiry para impor a xariá no Sul, o Exército de Libertação do Povo Sudanês contra-atacava. Cidades e aldeias começaram a ceder sob a pressão dos rebeldes por todo o Sul. A cada vez que os rebeldes ganhavam uma batalha, a estação de rádio tocava uma música especial. Wau era um alvo em potencial para ambos os lados, devido ao aeroporto.

Quase do dia para a noite, meus pais ficaram muito mais protetores com relação a nós. Wau sempre tinha sido um lugar onde dinkas, blandas, nuals, shuals, muçulmanos e cristãos, entre outros, conviviam de forma pacífica. Eu achava interessante aprender sobre costumes e tradições de outros povos. Nós, dinkas, fazemos uma cerimônia de casamento para as vacas. Outras tribos casam cabras.

Depois que os soldados chegaram, a vida social tranquila que tínhamos com os vizinhos de outras tribos e religiões foi por água abaixo. Todos começaram a suspeitar uns dos outros. Certo dia, ouvimos alguns vizinhos dizendo que os dinkas eram os causadores de todo o problema. E que, se não fossem os dinkas, que integraram massivamente o movimento rebelde do Exército de Libertação do Povo Sudanês, ainda estaríamos em paz. No Sudão é em geral muito fácil identificar de que tribo uma pessoa é, apenas pela aparência ou pelo modo de vestir. Por exemplo, os homens da tribo jurchol usavam faixas de fios trançados em torno da cintura e um pedaço de tecido que era preso à faixa pela frente, descia por entre as pernas e subia pelo lado de trás, de maneira que ficasse também preso à faixa. Os vários tipos de dinkas eram distinguidos com facilidade, não apenas pela estatura alta e o corpo esguio, mas pelas cicatrizes pontilhadas em forma de "V" na testa ou na bochecha.

As acusações sobre os dinkas despertaram em nós o medo de sermos discriminados.

Estávamos na temporada de seca, de noites muito quentes. Para dormir, adorávamos colocar as cobertas na varanda ou no quintal, onde o ar era mais fresco. Deitávamo--nos lá e contávamos histórias uns aos outros até pegarmos no sono. Sempre dormíamos bem cedo, pois era certo que as galinhas e os cachorros da vizinhança nos acordariam antes de o sol nascer, às vezes bem antes. De repente nossos pais nos disseram que não poderíamos mais dormir do lado de fora, por causa dos conflitos nos subúrbios da cidade.

Começamos a trancar as portas de casa logo que caía a noite, e, se algum de nós estivesse fora quando o sol começasse a se pôr, por volta de 7 horas, era motivo de pânico.

— Onde Deng está? Cadê a Adaw? Está anoitecendo! – minha mãe se afligia. — Espero que não cruzem com *aquelas* pessoas.

Durante toda a minha infância me senti em segurança em Wau, mas agora estava claro que nem mesmo a polícia local tinha controle de verdade. Ouvíamos sempre falar de milícias que se formavam, grupos de gângsteres sem nenhum vínculo político. Eram homens sem posses que haviam sido expulsos da própria cidade pelos soldados do governo, pobres ou apenas sementes ruins. Só queriam roubar, molestar, estuprar e destruir. Não se importavam com quem você era. Nas áreas rurais, invadiam fazendas, matando os fazendeiros, roubando toda a comida. Era assim que se abasteciam. Muitos deles não passavam de adolescentes armados. Certas vezes, matavam policiais e roubavam os uniformes, então você nunca sabia em quem podia confiar.

Eram seres da escuridão; só saíam à noite, por isso quase não os via.

Certa noite, estava deitada na cama quando ouvi alguns homens na rua gritando como se estivessem bêbados.

— Mãe! – gritei. — O que é isso?

— Shhh! – ela ordenou com veemência.

Fiquei em silêncio.

— É a milícia – sussurrou ela. — Não podemos deixar que percebam que estamos aqui.

Abraçamo-nos em silêncio, temendo o pior. Depois ouvimos quando foram embora.

Minha amiga Aisha me contou histórias de milícias que roubavam crianças das famílias e vendiam-nas como escravas. Disse que havia senzalas no mato onde as crianças escravizadas tomavam água apenas uma vez ao dia, e duas vezes por semana comiam pão embolorado, se tivessem sorte. De repente, meu mundo parecia correr grande perigo.

Alguns dos nossos vizinhos sumiram. Não os víamos saindo de casa, nem fazendo mudança. Só percebemos que não estavam mais lá. Ouvíamos barulhos de tiros à noite e rumores chegavam ao nosso quintal, passados de muro em muro, de mulher pra mulher. Eram aterrorizantes: "Você soube do que aconteceu com o Robert? Já era. Morreu". Ou: "A esposa de Deng foi sequestrada com uma arma na cabeça e levada como escrava".

Certa tarde, o locutor da rádio disse que todos em Wau deveriam permanecer dentro de casa, porque estava começando uma ofensiva dos rebeldes. Queriam controlar a cidade e o aeroporto. Considerando que a maioria deles era dinka, era um tanto confuso; não sabíamos em quem confiar: no nosso governo ou no nosso povo?

O ponto de vista de meu pai era mais no sentido de que "dinkas ou não, podem facilmente nos matar. Não vamos nos animar muito com a vinda dos rebeldes para libertar Wau". Ele não confiava em lado nenhum.

As noites eram todas marcadas pelo som dos tiros dos fuzis Kalashnikov, aos quais nunca me acostumei; não conseguia dormir. Os rebeldes lutavam contra o exército. O exército lutava contra a polícia. Os bandidos matavam quem quer que oferecesse resistência entre eles e dinheiro, roupas, galinhas ou até mesmo os chinelos velhos de alguém. Não se conseguia olhar para o lado sem ver uma metralhadora. Se houvesse uma bala sobrando, poderia ser endereçada a você. O som das armas era pavoroso.

Todos os dias após a escola, corríamos para casa e fechávamos bem o portão, tentando manter lá fora a escuridão iminente. Minha mãe nos repreendia por pura preocupação, depois nos dava um abraço.

— Fiquem dentro de casa agora – recomendava.

Servia-nos um prato de *kissra* e cozido de quiabo.

Certo dia, ouvimos homens se aproximando na rua. Estavam encostados no nosso muro pelo lado de fora. Gritaram com alguém e ouvimos quando um homem implorou por misericórdia. Eles tiveram. Riram dele e deixaram que fosse embora. Seguiram para molestar ou matar a próxima vítima, dependendo do humor em que estivessem. Essas milícias eram nosso pesadelo.

Sempre que possível, juntávamo-nos ao redor do rádio, viciados nas notícias sobre a guerra. Tínhamos ouvido falar que outra cidade havia sucumbido aos rebeldes. Era difícil acreditar, pois as tropas do governo estavam tendo bastante sucesso em evitar a entrada dos rebeldes em Wau, apesar de também termos ouvido que havia muitos deles nos subúrbios da cidade. Mais soldados chegavam todos os dias. Ouvíamos os caminhões, a munição sendo descarregada à noite enquanto perseguiam milícias ou atiravam a esmo.

Certa manhã, estava a caminho da escola quando um comboio de caminhões começou a se dirigir para o centro da cidade. Eu me escondi atrás de uma árvore e assisti à procissão passar. Era uma fila enorme deles, seguindo ruidosamente para a cidade – algo que nunca tínhamos visto na guerra até aquele momento. O governo estava mesmo se preparando para algo. Aquilo me fez pensar que talvez os rebeldes representassem uma ameaça maior do que eu imaginava. Seriam tão poderosos a ponto de assustar o governo? Talvez os rebeldes tivessem suas razões. Mas eu só queria que tudo acabasse logo.

A presença de todos aqueles soldados do governo dava a impressão de Wau ser uma base militar. Tudo parecia tão hostil! Sabia que meus pais estavam nervosos. Comecei a me preocupar com a possibilidade de serem assassinados ou sequestrados, ou apenas desaparecerem. Começar a cogitar, aos nove anos de idade, que seus pais podem desaparecer tem um impacto devastador. Uma sombra pairava sobre mim. Até a chegada das tropas, sentia-me livre. Passei a achar que o governo devia estar fazendo algo muito errado para terem de reforçar as tropas com toda aquela intensidade.

•

Apesar da guerra, ainda precisávamos de água todos os dias.

Para carregar a água usávamos recipientes de óleo de cozinha que eram vendidos no mercado. Eu enrolava um pedaço de pano no topo de minha cabeça, encaixava o recipiente e ia embora.

— Você é magricela, mas seu pescoço é forte – lembro de minha irmã ter me dito um dia.

— A força vem do coração, entende? – respondi. — Não importa o tamanho dos músculos.

Saía pelo portão e seguia pela estrada de terra com aquele recipiente vazio na cabeça. A maioria de nossos vizinhos vivia em casas modestas, feitas de blocos de cimento ou de madeira. Algumas eram bastante improvisadas. Havia uma mansão, com pórticos e muros de tijolo. Era a residência de um homem que era proprietário de uma grande cervejaria nos limites da cidade, próximo ao rio. Eram tão poucas as pessoas ricas em Wau que nunca pensávamos nas diferenças entre elas e nós, mas sabíamos que tinham mais posses. Embora não sentisse inveja nem cobiça, adorava me imaginar morando naquela casa, com móveis estofados e gerador elétrico. Passando essa mansão – que na verdade não devia ser maior do que a maioria das casas de classe média norte-americanas – havia uma estrada que, à esquerda, subia o morro de onde eu, um dia, procurei aviões no céu. À direita, a estrada descia para uma área pobre, de onde tinham vindo algumas das milícias. Quando digo pobre, quero dizer que as pessoas mal conseguiam construir uma casa com sobras de madeira e palha, e quase nunca tinham comida em casa que desse para mais de alguns dias.

— Jamais vá para lá sozinha – meu pai havia me alertado. — Alguém pode querer matá-la.

A polícia estava sempre lá embaixo, em confronto com as milícias.

O poço era bem nesse entroncamento, em um campo vasto de grama verde, que para mim era tão bonito quanto qualquer parque que já tivesse visto. Um dia, quando estávamos lá, todos tinham ido embora, menos eu e minha irmã Adaw. Senti um odor horrível no ar. Sabia que era de morte. Então, vi o corpo de uma mulher sobre a grama, a uns 40 metros de nós, com a língua pendurada, como se fosse um pedaço de couro. Não devia estar lá por muito tempo, mas o corpo já cheirava a podre devido ao calor intenso. Quis ver o cadáver mais de perto.

— Não, Alek! – Adaw exclamou.

Percebi que ela estava certa. Depois vi outro corpo. Corremos direto para casa.

Depois disso, minha mãe sempre ia buscar água conosco e não raro víamos pessoas mortas por lá.

— Não olhe – minha mãe costumava dizer.

Como não olhar? Sempre espiava em cada visita ao poço. Com o tempo, os corpos se transformavam em ossos, ossos dentro de roupas. Isso era a guerra para mim – cadáveres largados, apodrecendo.

Se minha mãe conseguisse carregar sobre a cabeça água que bastasse para todos nós, iria sozinha ao poço. O campo da matança piorava a cada semana. Preocupava-me com a possibilidade de os corpos em decomposição penetrarem no abastecimento de água, mas minha mãe dizia que estavam extremamente distantes. Mesmo assim, a cada vez que tomava um gole de água, pensava naqueles ossos.

Não demorou para minha mãe nos proibir de sairmos de casa sozinhos. Ela nem precisava se preocupar. Estava assustada demais para querer sair. Ficaria segura dentro da nossa casa, com a minha mãe sempre por perto. Antes da guerra, nós, crianças, íamos sozinhas à escola de missionários para jogar vôlei e praticar outros esportes. Agora isso parecia absurdo. As freiras haviam cancelado todas as atividades para que pudessem permanecer em segurança dentro do convento. Meus pais faziam questão que estivéssemos dentro de casa antes das cinco da tarde.

Havia rumores de que a polícia local estava ficando sem munição. Tinham feito o possível para proteger a população, mas agora só quem tinha balas eram os soldados do governo – que, no fundo, não se importavam nem um pouco com pessoas como nós, em particular os dinkas – e as milícias – essas, então, não se importavam mesmo com ninguém. Esses dois grupos começaram a atirar um no outro por toda a cidade. Projéteis de bazucas Katyusha cortavam o céu, flamejantes, a noite toda, e ouvia-se o som das metralhadoras disparando e dos homens gritando. Não podíamos mais sair do quintal. Os tiroteios chegaram a tal ponto que, em determinado momento, passamos três dias sem poder sair de casa. Estranhamente, toda a violência levou a uma bonita união da vizinhança. Minha mãe havia estocado algumas batatas e outras raízes; tínhamos bastante quiabo seco e diversos recipientes de água. Os vizinhos tinham feito o mesmo. Se alguém precisasse de algo, era só pedir ajuda ao vizinho. Tenho a lembrança de passar, por cima do muro, um balde de leite para a mulher da casa ao lado. Em troca, ela nos deu alguns tomates. Cuidávamos uns dos outros.

Na segunda noite, pouco antes do pôr do sol, minha família reunida comeu *kissra* e cozido de quiabo no jantar. Depois de arrumarmos tudo, meu irmão mais velho, Mayen, ajudou nosso pai a ficar em pé para que pudesse usar a latrina no quintal. Ele havia voltado de Cartum ainda com pinos no lado esquerdo do quadril, para que melhorasse mais rápido. Os médicos tinham pedido que ele retornasse para removê-los dentro de alguns meses, e era isso que ele planejava fazer, mas as coisas em Wau haviam se tornado muito difíceis. O quadril ficara gravemente infeccionado e ele só andava mancando. Devido à dificuldade de locomoção, acabara caindo e quebrando também o braço esquerdo. Estava sofrendo muito, mas não havia como voltar a Cartum para se tratar. Ele lutava para chegar ao banheiro todas as noites, mas o fazia sozinho. Mantinha seu orgulho assim. Eu me preocupava com ele.

De repente, os caminhões tomaram as ruas, e ouviam-se tiros ao longe. Por razões que desconhecíamos, as coisas pareciam estar ainda mais caóticas do que antes.

Então, ouvi homens se aproximando na rua. Alguns caminhões. De uma hora para outra começou um tiroteio bem diante da minha casa, justamente quando meu pai tentava voltar do banheiro. Ele teve de se atirar no chão para fugir das balas que voavam por cima do muro. Que dor no coração ao vê-lo se deitar na terra, o rosto atormentado pela agonia. Não podíamos fazer nada por ele.

— Abaixem! Abaixem! – ordenou minha mãe.

As balas continuavam voando. Aqueles foram os vinte minutos mais longos da minha vida.

No dia seguinte, meus pais sussurravam coisas um para o outro, os semblantes mais preocupados que nunca. A rádio avisou que todos os habitantes de Wau deveriam se preparar para evacuar a cidade.

Naquela noite, um grupo das milícias apareceu em frente à nossa casa e bateu no portão de metal. Minha mãe lançou um olhar apreensivo a meu pai.

Não fazíamos a menor ideia de quem eram ou o que procuravam.

— Devem ter batido na casa errada – disse minha mãe.

Começaram a mexer no cadeado do portão.

— Shhh... Não podem saber que estamos aqui – minha mãe falou.

Ela apagou o lampião e nos abraçamos em um silêncio repleto de pavor.

Entraram pelo nosso portão. Eu conseguia ouvi-los andando lá fora, na varanda, com movimentos cuidadosos. Àquela altura, tantos civis já tinham se armado que as milícias estavam com medo de levar um tiro.

Minha mãe sentou-se em um movimento repentino.

— Esqueci de trancar a porta da frente – falou.

Rastejou até a porta e virou o fecho. A fechadura fez um barulho metálico, um clique. Houve uma explosão de balas disparadas das armas da milícia. Devem ter pensado que o barulho metálico era o disparo de uma arma. Crivejaram balas por todas as paredes e janelas. Enfiamo-nos com rapidez debaixo das camas para nos esconder, mas meu pai não conseguia se abaixar o suficiente e as pernas dele ficaram para o lado de fora. Estava quase chorando de dor. De súbito, o tiroteio cessou. A milícia foi embora. Devem ter pensado que estávamos revidando os tiros, mas não tínhamos armas. Só um anjo, eu acho. Aconchegamo-nos uns aos outros enquanto eles partiam em busca de uma presa mais fácil. Nunca uma noite havia me parecido tão escura.

Capítulo 3

Mantive o olhar fixo na escuridão depois que os pistoleiros foram embora. Era uma noite sem luar e não podíamos acender os lampiões por medo de que a luz fosse vista do lado de fora da casa, portanto o breu não permitia que enxergássemos nada. Minha irmã mais nova roncava em um sono agitado, alheia a tudo. Os tiros a distância me deixavam inquieta; tinha medo de que as milícias voltassem. O ar recendia a pólvora. Homens gritavam. Cada vez que uma vaca bufava no quintal, achava que era alguém pulando o muro. Contraí a barriga e pressionei os ombros sobre o piso frio de concreto, ficando fina como uma tábua. As balas, se viessem, passariam zunindo sobre mim.

É a mesma coisa que faço nas passarelas: jogo meus ombros para trás e estico o meu corpo. Um dia me esquivava de balas em uma cidadezinha marcada pelo terror e, dez anos mais tarde, empertigava-me em trajes de alta-costura para editores de moda.

Mas naquela noite eu não sonhava com Paris, não sabia nada de Londres, não tinha noção de em que direção exatamente ficava Nova York. Não fazia nem ideia de que estava prestes a me tornar uma refugiada.

Tanto os rebeldes quanto o governo queriam o controle do aeroporto de Wau, por isso brigavam usando armas, bombas, tacos e o que mais conseguissem juntar. Se a minha família estivesse no meio, todos morreriam. As milícias eram as que despertavam mais pavor. Andavam pelas ruas de terra com a música *Thriller*, de Michael Jackson, no último volume do aparelho de som, enquanto roubavam todos os que cruzavam seu caminho. Roubavam até panelas das famílias. No caminho para o mercado, atiravam-nas nas pessoas e roubavam as poucas moedas que estavam separadas para comprar comida. Vários dos integrantes das milícias eram crianças ainda.

Enquanto esperava o sol nascer, imaginei soldados, rebeldes e milícias se confrontando. Tinha visto cadáveres, portanto sabia o que acontecia quando alguém levava um tiro. Na minha imaginação, eles atiravam, esfaqueavam e chutavam uns aos outros, até que estivessem todos mortos e então pudéssemos dormir em paz.

O sono não vinha; minha mente se distraía entre preces e divagações, tentando não pensar no que estava acontecendo lá fora. Lembrei-me de uma foto que tinha visto em uma revista que um voluntário estrangeiro havia esquecido na minha escola. Era de uma casa ocre, num bosque com pinheiros altos e vista para o mar, em algum lugar longe da África. A sala de jantar tinha paredes de vidro bem altas; a mesa estava posta para uma refeição especial e decorada com um gigantesco vaso de girassóis. A luz naquela foto era de um amarelo suave e dava uma sensação de paz. Perguntava-me se as pessoas realmente viviam daquele jeito ou se tudo não passava de fantasia.

O som estridente dos foguetes Katyusha de 122 milímetros me fizeram pular. E se um foguete caísse bem em cima do nosso teto, bem dentro do nosso quarto? Queria fazer xixi, mas segurei. Começou a doer, mas não tinha coragem de sair de casa depois do acontecido com meu pai algumas noites antes. Mais disparos de Katyusha, mais próximos dessa vez, e, quando explodiram, juro, o chão tremeu. Houve um silêncio absoluto, ainda mais assustador do que o som dos foguetes. Tive certeza de que iríamos morrer.

Nem sei como, mas estava tão cansada que em algum momento, entre esse pensamento e o cantar dos galos, adormeci. Quando acordei, o ar recendia a morte. Tive vontade de vomitar. Minha mãe entrou no quarto.

— Alek, com o que está sonhando? Está na hora de levantar – ela disse.

De pé, por cima de mim e das minhas irmãs, agitou as mãos sobre nossas cabeças, provocando um ventinho. Aquilo significava: "Vamos, meninas!".

Abri a porta para a luz do sol que inaugurava mais uma manhã. Por um momento o mundo pareceu encantador. A bananeira do vizinho farfalhava com a brisa e uma palmeira bem alta erguia-se contra a luz. As vacas da minha mãe já estavam em fila no quintal, como de costume, esperando que as levassem para o pasto.

Enquanto isso, meu pai revirava-se na cama, levantando-se sem pressa. Só tinha quarenta e poucos anos, mas andava como um velho. O quadril o incomodava muito após uma noite inteira dormindo no chão, mas foi em silêncio que se ergueu devagar até ficar completamente ereto. Alongou-se, disse bom-dia e ligou o rádio. Em geral, ouvia a BBC, mas às vezes, de tarde, mudava para a estação dos rebeldes, volume bem baixinho, para que os soldados do governo não escutassem e o levassem preso. Mesmo com a situação se agravando, minha família não se envolvia na política. Como os rebeldes do Exército de Libertação do Povo Sudanês eram na maioria do Sul, onde vivíamos, e dinkas, como nós, tratavam-nos razoavelmente bem. De todos, eram aqueles que meus pais tendiam mais a apoiar, mas, sendo uma família, tentávamos ficar fora do caminho de qualquer um com uma arma. Não havia muita vantagem em se posicionar de um lado ou de outro.

Na rádio, diziam que o governo local estimulava toda a população de Wau a fugir. A situação estava perigosa demais.

— Como se não soubéssemos – completou minha mãe.

Segurei a barra do meu vestido como se esse gesto fosse me proteger e, com cautela, saí para o quintal com minha irmã. Tudo parecia estar calmo, então fomos ao portão e olhamos para o lado de fora. As pessoas já seguiam pelas ruas com embrulhos sobre a cabeça. O êxodo havia começado. Minha irmã me chamou para ver algumas marcas de bala que tinham lascado a madeira do portão, que era banhado a zinco.

— Mamãe, olha isso – gritamos.

Minha mãe veio até nós e balançou a cabeça, inconformada. Apontou para um buraco no chão, onde um dos homens da milícia havia descansado o rifle.

— Baioneta – foi tudo o que disse.

Já dentro de casa, meus pais conversaram em particular. Sempre faziam assim. Conversavam sobre o assunto e chegavam a um acordo. É de fato muito inspirador lembrar-me de como minha mãe e meu pai conseguiam se comunicar tão bem e trabalhar juntos para enfrentar todas as dificuldades por que passaram.

Em determinado momento, ouvi minha mãe dizer:

— Chega, não aguento mais isso.

Então ela percebeu que eu estava ouvindo e abaixou o tom de voz. Quando a conversa acabou, meu pai veio até nós. A pele dele estava pálida, mas os olhos flamejavam.

— Partiremos para as aldeias hoje. Não estamos mais em segurança aqui.

Pelo tom de sua voz, percebemos que não tínhamos escolha.

Meus pais haviam passado toda a infância em meio a várias guerras no Sudão. Desde que os colonizadores concederam a independência ao meu país em 1956, fomos governados por regimes militares que apoiavam o islamismo, embora o país – o maior da África – fosse composto de diferentes tribos e religiões. Encontrar um denominador comum era difícil. Durante a juventude, e também depois de formarem uma família, meus pais tiveram de fugir e fixar residência em outros países da África, como Congo, Uganda, República Centro-Africana e Libéria.

Nada disso era novidade para eles. Estavam prestes a se tornar refugiados de novo. Se isso os entristecia, não deixavam transparecer.

As aldeias onde meus pais e outros familiares tinham crescido ficavam ao sul de Wau, distantes das estradas principais. Nas aldeias, as pessoas ainda viviam à moda antiga, em cabanas de barro redondas sem água encanada. Cultivavam ou caçavam quase toda a comida que consumiam e, na estação da seca, os mais novos levavam o gado para um oásis longe das aldeias e ficavam por lá enquanto pastoreavam. As aldeias não tinham telefones; era difícil saber de nossos parentes como andavam as coisas por lá. Meus pais achavam que, se fôssemos para uma dessas aldeias, estaríamos a salvo. Não havia garantias; tínhamos apenas de andar até lá e arriscar.

Nunca havia estado tão longe das cidades, e não fazia a menor ideia do que encontraríamos à frente. Tinha ouvido falar que as coisas por lá podiam ser muito estranhas. Nas poucas vezes em que nossos primos tinham vindo nos visitar em Wau, usavam roupas improvisadas e por vezes nos pediam que tirássemos carrapatos ou piolhos dos seus cabelos. Todos os meus amigos os provocavam. Minhas tias sentavam-se de sapato na cama, levando terra para os lençóis. Achávamos aquilo bem esquisito. Mas meu pai disse que era assim que faziam na casa delas, onde dormiam em esteiras de palha, em vez de camas.

Cinco anos depois, quando fui à Inglaterra, tive uma lição por experiência própria de como é errado julgar alguém pelo seu *background*. Isso porque eu mesma sofri preconceito. Em Wau, era de uma família culta e cosmopolita, mas em Londres não passava de uma garota primitiva da roça, alvo da provocação de todos.

Sob o ponto de vista dos europeus, não havia diferença entre mim e meus primos das aldeias. Eu era uma africana sem nenhuma sofisticação, com uma pele mais escura que a noite. Eles eram imigrantes de segunda ou terceira geração, com a pele mais clara, e sabiam como as coisas funcionavam em Londres. Percebi naquela época que tudo é relativo e que você não deve menosprezar os outros por não terem as mesmas vantagens ou pontos de vista. Senti-me mal por ter julgado meus primos no passado, às vezes de forma dura. Na verdade, achava que seria capaz de tudo só para ver aqueles rostos simpáticos naquele momento. Percorri um caminho longo até descobrir isso.

Depois de tomarmos rapidamente uma xícara de chá, minha mãe começou a "arrumar as malas" para a viagem. Não desencavou malas dos armários, como eu faria hoje. Não nos mandou dobrar as roupas de baixo e pegar três mudas de roupas ou colocar xampu e outros cosméticos em uma bolsa. Não, nada disso. O que ela fez foi estender lençóis no chão, que seriam embrulhados em torno de tudo mais. Disse-me qual panela pegar na cozinha. Pegamos uma faca, duas xícaras e um recipiente para água. Nós oito comíamos com as mãos, costume dos dinkas, portanto não havia necessidade de muitos utensílios. Minha mãe pegou quiabo em pó, para que pudesse cozinhar no caminho, já que não haveria lugar algum para comprar comida. Embrulhou com cuidado um pacote de sal, para cozinhar e para escambo. Valia muito, porque, fora das cidades, raramente as pessoas tinham sal. Juntamos tudo sobre os lençóis que nos serviriam de malas.

Hoje em dia, quando viajo, tenho serviço de quarto, de lavanderia, camareiras que arrumam minha cama quando levanto e preparam a minha cama para eu dormir. Naquela época, de fato não tínhamos nada, a não ser a nossa sabedoria. O que mais me impressiona é meus pais terem conseguido fazer com que nos sentíssemos seguros e confortáveis mesmo naquela situação. Do que se conclui que conforto é um estado psicológico.

Estava muito confortável naquela manhã, usando meu melhor traje: um vestido de algodão com estampa floral e elástico na cintura que tínhamos comprado no mercado. Era bem simples. Esse vestido e chinelos, era tudo que usava. Nenhum de nós pegou nem mesmo uma muda de roupa ou nada pessoal.

Antes de partirmos, minha mãe teve de se despedir do gado. Eram como filhos, de certa maneira. Cada um tinha um nome e ela identificava cada uma de suas fuças de longe. O gado sempre foi fundamental para a cultura dinka e parte da nossa identidade. Um dos nossos mitos é que quando Deus, chamado Nhialac, criou os dinkas, deu-nos a chance de escolher entre ter gado e alguma coisa desconhecida e misteriosa que ele chamava de "algo". Os dinkas optaram pelo gado, porque representava fartura e dignidade, o que deu aos dinkas uma autoimagem muito forte, que foi passada de geração em geração. Sei que isso me ajudou a permanecer com uma atitude positiva durante as dificuldades que enfrentei na vida. Por ser uma mulher dinka, sempre senti orgulho em saber que meus ancestrais tiveram a sagacidade de escolher o gado em vez de "algo".

Atualmente, com todos os dinkas que se mudaram para o exterior, a cultura começou a se modificar. Conhecemos diversos outros tipos de riqueza que nunca víamos no Sul do Sudão, desde um encanamento confiável a carros esporte de celebridades, e percebemos que viver à moda antiga não nos provê necessariamente uma vida assim tão farta. Mesmo assim, tentamos preservar intacta nossa cultura. O gado continua tendo um alto valor simbólico para mim e outros sudaneses expatriados, ainda que não seja muito prático criar animais de grande porte em nossas novas casas distantes da África, em lugares como Londres, Nova York ou Sidney.

Quando penso em tudo que a guerra destruiu e mudou, lembro-me de uma frase de Ariathdit, profeta dinka do início do século XX. Na virada do século, os colonialistas britânicos tomaram o poder no país e o colocaram na cadeia acusando-o de motim. Depois de liberto, ele disse: "*Piny nhom abi riak mac*". Tradução: "A terra pode ser estragada, mas mesmo assim vai permanecer intacta". Podemos ter perdido muita coisa durante a guerra civil, mas a cultura dinka nunca será destruída.

Minha mãe também sempre pensou assim. E foi isso que a levou a fazer, com antecedência, um acordo com um homem da vizinhança, para que levasse o gado dela à aldeia se um dia tivéssemos de fugir. Ela preservava a cultura da nossa família ainda que todo o resto tivesse de mudar. O gado seria bastante valioso na aldeia. Poderíamos obter leite das vacas ou até mesmo vender alguma, se fosse preciso. Além disso, contribuía para que nos valorizássemos e mantivéssemos uma conexão espiritual com o nosso passado.

Na manhã que saímos de casa, minha mãe conseguiu se despedir das vacas em paz, pois sabia que as veria em breve. Apesar da pressa que tínhamos para nos afastar o máximo possível da guerra antes que a noite caísse, ela conversou em voz mansa com cada uma, chamando-as pelo nome e coçando umas, esfregando outras, afirmando que tudo ficaria bem. Juro que as vacas retribuíram com olhares consoladores. Não acredito que ela conseguisse deixar Wau sem saber que as vacas seriam bem cuidadas e que ela as veria de novo em pouco tempo. Se não tivesse tanta certeza de que minha mãe me amava ainda mais do que amava as vacas, teria ficado com ciúmes.

Ao sairmos pelo portão, bateu-me certa tristeza por deixarmos nossa casa para trás. Éramos, quase todos, muito pequenos ainda naquela época. Tinha só nove anos; Mayen tinha 18, o brincalhão da família; Adaw, que definitivamente sempre agiu como "irmã mais velha", tinha 14; Akuol, 12. Era séria, sensível e muito amorosa – éramos muito próximas; Athieng, então com sete, me idolatrava daquele jeito que irmãs mais novas idolatram as mais velhas; e o pequeno Deng, que, com apenas quatro anos, era o bebê da família, o reizinho. Os outros três irmãos, já mais velhos, estavam fora, estudando e trabalhando no Sudão e na Inglaterra.

A longa caminhada não seria fácil para nós, mas todos carregavam algo, mesmo que pouco, sobre as cabeças, por algum tempo durante o percurso. Mesmo Deng sabia que, quando não estivesse sendo carregado no colo, também teria de levar algum embrulho. Não havia alternativa; mesmo sendo crianças, sabíamos que a permanência em Wau provavelmente significaria a morte.

Equilibrei um dos embrulhos menores na cabeça e pus o pé na estrada com o restante da família. Às vezes alguns nos chamavam de Exército Wek, porque éramos muitos. Foi o que nos manteve unidos e contribuiu para que tudo desse certo: éramos uma pequena comunidade particular, minha mãe, meu pai, meus irmãos e irmãs.

Era uma manhã quente e a poeira se espalhava com rapidez enquanto andávamos pela rua, que estava cheia de outras pessoas que fugiam de casa. A rua principal que levava para fora da cidade estava entupida de gente, como se uma cidade inteira tivesse se unido para formar uma fila interminável de refugiados. Éramos uma daquelas imagens que se vê por vezes na televisão. Alguns anos atrás, estava na sala VIP do aeroporto JFK, aguardando um voo para Paris, quando a CNN começou a mostrar cenas de pessoas que abandonavam as casas em Serra Leoa. Era uma longa fila de gente de pele escura, mães segurando as mãos das crianças, pais carregando embrulhos; quem tinha sorte usava sandálias e os outros seguiam descalços pela estrada de terra. Ao observar ao meu redor todas aquelas pessoas bem-vestidas e bem-alimentadas, falando ao celular ou apertando botões em aparelhos eletrônicos, senti-me, de repente, incrivelmente sozinha. Estava, de muitas formas, mais próxima daqueles refugiados maltrapilhos do que dos privilegiados viajantes internacionais, de cuja classe eu agora, estranhamente, fazia parte.

Naquela manhã em Wau, lá estava eu, com nove anos de idade, entrando no meio do mato, a caminho de um mundo desconhecido para mim. Na estrada, todo tipo de gente: mulheres muçulmanas cobertas com lenços em tons fortes de vermelho, azul ou verde; homens núbios em longas túnicas brancas; cristãos vestindo roupas usadas, que tinham sido doadas por americanos e eram vendidas no mercado. Mas a maior parte das pessoas era dinka, como nós, e rumava para o Sul, em direção às fronteiras com o Congo e o Zaire. Dirigíamo-nos para o meio de um território dinka, onde nossos ancestrais haviam pastoreado gado por gerações a fio.

À medida que andávamos, o número de pessoas na estrada diminuía, já que algumas famílias desviavam e seguiam em direção às terras dos próprios ancestrais. Quando chegamos à velha cervejaria que produzia toda a cerveja para aquela parte do país, a caminhada começou a parecer menos estressante. A cervejaria ficava num terreno enorme perto do rio Jur, e por alguns anos minha mãe havia alugado terras naquele local para cultivar amendoim, que se dava bem em solos arenosos. Ela vendia o amendoim para complementar a renda da família. Meus pais eram amigos do gerente, portanto foram até lá para conversar com ele. Era um homem alto, tinha a pele cor de carvão e me lembro de ter sido bastante caloroso com meus pais.

— Você não vai embora? – meu pai perguntou a ele.

— Não posso – respondeu o homem. — Tenho de cuidar da cervejaria.

Minha mãe balançou a cabeça em negativa.

— Não seja leal ao extremo – ela falou. — No fundo, são só tijolos e cerveja.

— Bem, não vou arriscar a vida pelos tijolos. Mas, quanto à cerveja... aí são outros quinhentos!

Ele tinha bom caráter, mesmo diante de tudo aquilo. Antes de partirmos, deu conselhos ao meu pai sobre qual caminho seguir. Orientou-nos a evitar todas as estradas depois que tivéssemos cruzado o rio, pois estavam repletas de homens armados, tanto rebeldes quanto das milícias.

— Vão pelo mato – recomendou. — Não se pode confiar em ninguém.

Logo após a cervejaria, os campos de pasto que beiravam a estrada se transformaram em pântanos, com juncos altos que se estendiam até onde os olhos conseguiam ver. Havia apenas algumas árvores cá e lá – nunca tinha visto algo assim. Logo chegamos ao rio Jur. Como era época de chuvas, o rio estava alto. Era tão largo que eu não conseguia nem imaginar o que havia do outro lado. O rio por si só já metia muito medo. Todos sabiam que em alguns pontos era repleto de crocodilos, hipopótamos e outros animais, mas meu pai nos assegurou que não viviam naquele pedaço. Havia visto, à venda no mercado, os peixes enormes que saíam dessas águas. Não queria nadar com eles.

Alguns homens tinham puxado as canoas para a margem lamacenta e havia, provavelmente, umas vinte e tantas pessoas esperando para cruzar o rio. Sobre as águas eu via outras dezenas de canoas, sacolejando para um lado e para outro, perigosamente lotadas de pessoas e bagagens, que incluíam galinhas, uma ou duas cabras, alguns sacos grandes de grãos. Fiquei preocupada, pois nunca tentara nadar na minha vida.

Na verdade, só fui aprender a nadar há algum tempo, aos 27 anos. Estava num iate de um amigo, na costa da Sardenha, e, olhando para aquele mar incrível, disse a mim mesma: "Sim, quero aprender a nadar". Estava de férias, rodeada de luxo e riqueza, mas meu primeiro pensamento foi que, se alguma vez tivesse de cruzar um rio de novo, para escapar de uma situação perigosa, desejaria saber nadar! Pedi a um dos meus amigos que me ensinasse. Na minha primeira tentativa, afundei como uma pedra, o que me apavorou, mas não desisti. Era tão bonito e tão frustrante! Continuei tentando e, após alguns dias, estava boiando de costas no mar. Foi uma sensação maravilhosa – liberdade pura. De certa forma, me fez dominar aquele rio lá no Sudão, pelo menos em minha mente.

Não foi essa a sensação no rio naquele dia. Ao contrário, senti-me encurralada, presa em uma armadilha. Tinha certeza de que me afogaria.

— Não vou – falei para minha mãe.

Ela endureceu o semblante e cerrou as pálpebras. Por mais teimosa que eu fosse, não conseguia enfrentar "o olhar".

— Se quiser viver, vai entrar nesse barco.

Subi em uma das canoas com três dos meus irmãos. O canoeiro parecia assustado e constantemente voltava os olhos para a beira do rio, procurando por homens armados. Ninguém sabia quando as balas começariam a voar. Sentei-me na frente, com as costas apoiadas contra as costas da minha irmã, e nossas coisas estavam empilhadas ao redor. O barco balançou quando deixamos a margem e eu gritei: "Socorro!", mas minha mãe só disse:

— Alek, quieta.

Agarrei-me às bordas daquele barquinho rudimentar com tanta força que me admira que não tenham quebrado. Por sorte o rio estava calmo naquele dia.

Ironicamente, ao cruzarmos o rio, avistamos uma ponte em perfeitas condições, mas as tropas do governo não permitiam que os refugiados a usassem. Haviam determinado que ficasse fechada para evitar a entrada de rebeldes. Quando chegamos ao outro lado, saí correndo da canoa e comecei a andar.

A trilha seguia por entre juncos altos, que impossibilitavam enxergar mais do que alguns palmos adiante. Era um túnel de mato verde e brilhante, e o chão era molhado e lamacento. Meus chinelos agarravam toda hora em raízes, mas minha mãe me conduzia adiante, incentivando-me docemente.

Ao final da tarde ainda estávamos atravessando o pântano, cercados de juncos e moitas densas. Podíamos estar andando em círculos e eu não saberia: todas as moitas eram muito parecidas. Felizmente para a minha mãe, a posição do sol e os tipos de folhas dos arbustos – uma área tem certas plantas que outra não tem – funcionavam tão bem quanto um mapa. Ela havia aprendido essas coisas quando era pequena e, apesar de todos os nossos problemas, sentiu prazer em andar pelo mato.

— É como reviver minha infância – disse ela.

Em vez de se fazer de vítima, no papel da mãe de nove filhos, sobrecarregada, tentava nos ensinar o que sabia. Seu bom humor era contagiante.

Não tínhamos comido nada desde a última xícara de chá que havíamos tomado pela manhã e estávamos ficando com fome. Minha mãe localizou algumas folhas de abóbora crescendo por perto e me mandou pegá-las.

— Lembra-se disso, Alek? – ela perguntou. — Comprávamos no mercado.

Eu lembrava. Lembrava-me também do cozido que ela preparava com as folhas, o que me deixou com mais fome ainda. Paramos mais algumas vezes no meio da trilha e colhemos uma verdura chamada *tamalaca*, quiabo selvagem e uma fruta cujo nome era *amaco ding*. Estava com tanta fome que queria comer ali mesmo. De repente, minha mãe parou abruptamente. Não muito longe, a menos de 50 metros, havia alguns rebeldes armados do Exército de Libertação do Povo Sudanês. Seu rosto endureceu, sinal de que estava nervosa, o que me deu medo. Os homens já tinham nos avistado e vieram em nossa direção.

— Não abram a boca – minha mãe nos orientou.

Meu pai estava algumas centenas de metros atrás, andando devagar com Deng e Athieng, por causa do problema no quadril, portanto não podia nos ajudar.

Minha mãe pressionou os lábios um contra o outro, a expressão determinada. Sabia que estava com medo, mas acho que os homens viram uma mulher firme, a qual era melhor não importunar. Estavam sérios, olhando-nos com frieza de cima a baixo e checando nossos embrulhos de grãos e panelas. Minhas entranhas naquele momento pareciam feitas de gelatina.

— Vocês são de Wau? – um deles perguntou.

Parecia ser o líder, apesar de estar vestido apenas com uma camiseta, calça e tênis esfarrapados.

Minha mãe disse que estávamos a caminho das aldeias. Ele apenas resmungou e a encarou.

Então, do nada, minha mãe o surpreendeu com um sorriso largo que derreteu a expressão hostil daquele homem.

— Você precisa de alguma coisa? – ela perguntou.

O rebelde a fitou por algum tempo, o que me fez pensar que sim, que ele precisava de muita coisa, e esperava que tivéssemos mais a dar para ele. Precisava de armas e comida e roupas e caminhões e rádios. Precisava que o governo parasse de tentar impor o islamismo. Precisava de liberdade para todo o povo do Sudão.

— O que vocês têm? – ele indagou.

— Sabão – respondeu minha mãe. — Posso lhe dar uma barra de sabão.

Ele balançou a cabeça afirmativamente. Tinha tão pouco que uma barra de sabão era suficiente. Os rebeldes achavam que conseguiriam vencer o governo com homens como este? Tinham alguma munição, mas nenhuma comida.

Meu pai chegou e, após um momento de tensão, ele e o homem trocaram um aperto de mãos. Os outros rebeldes assistiram. Meus pais falaram com o homem por algum tempo, gesticulando em direção à trilha. O homem parecia estar aconselhando-os. Os rebeldes partiram, desaparecendo no mato no mesmo silêncio com que haviam aparecido. Em seguida meus pais nos reuniram e disseram que não íamos mais para a aldeia do meu pai. Os rebeldes tinham-nos advertido sobre a presença de algumas tropas do governo naquela direção. Iríamos para uma outra aldeia, onde viviam parentes mais distantes.

— Não os conhecemos, mas eles nos receberão bem – meu pai nos assegurou. — Viveremos bem por lá.

Tinha minhas dúvidas, mas não disse nada. Parecia-me que, ao sair de Wau, havíamos deixado para trás qualquer chance de uma vida boa, embora não tivéssemos outra coisa a fazer senão seguir adiante.

Continuamos andando, à procura de um lugar para passar a noite, até que finalmente encontramos uma cabana abandonada.

— Os animais não virão para perto de um lugar onde viveram pessoas – explicou meu pai.

Não entramos, porque não seria certo. Varremos o chão do lado de fora da cabana com alguns galhos folhosos para deixarmos a superfície lisa. Esticamos nossos cobertores na terra enquanto minha mãe batia no chão com uma vara grande para alertar os animais selvagens da região que estávamos ali e que éramos humanos, portanto era melhor que ficassem bem longe.

— E as cobras? – perguntei.

Odiava cobras. Sempre odiei.

— As cobras não querem comer a pequena Alek – falou meu pai.

— E os leões? – indaguei de novo.

— Os leões querem uma menina gorda, não uma magricela como você – explicou. — É aqui que estamos e é aqui que vamos ficar.

Ele tinha razão. O que mais poderíamos fazer?

Minha mãe mandou que nós, crianças, fôssemos procurar madeira seca e mato para acender uma fogueira, e disse que quem trouxesse mais madeira venceria. Estava sempre inventando brincadeiras para nós. Por isso, por pior que fosse a situação, parecia ser divertido. Achamos uma pequena lagoa e trouxemos um pouco de água. Minha mãe fez um cozido com as verduras, temperou com um pouco de sal e cozinhou alguns grãos para acompanhar. Ferveu a água para que pudéssemos bebê-la. Sentamo-nos no chão, em torno do banquete, e comemos com as mãos a comida servida nos pratos esmaltados com desenhos florais que minha mãe havia separado para trazer conosco. Aqueles pratos deixavam a refeição muito melhor. É impressionante a diferença que pode fazer um pouco de civilidade quando você se encontra em uma situação difícil.

Estávamos com tanta fome que aquela comida me pareceu tão saborosa quanto qualquer outra que já tinha provado, mas terminou bem rápido – havia apenas o suficiente para dar pro gasto. Mas estava acostumada com quantidades pequenas; não era um problema para mim. Até hoje, não como muito e detesto ver comida sendo desperdiçada. Associo isso a esses dias andando pelo mato, quando sempre tínhamos o suficiente, mas apenas o suficiente. Aprendi que se precisa de muito pouco para sobreviver. Também sei que tudo podia desaparecer em um piscar de olhos. É bom ter sempre algo assim em mente, e é por essa razão que não desperdiço nada: comida, dinheiro, amizades ou oportunidades.

Quando o sol se pôs no nosso pequeno acampamento, mais do que nunca me senti imensamente feliz por estar com a minha família. Eles eram tudo para mim. Não tínhamos casa, nem cidade, nem governo. Tudo que tínhamos era uns aos outros, cobertores e as estrelas lá em cima, que, por não haver luz elétrica por quilômetros e quilômetros de distância, brilhavam com uma intensidade que nunca havia visto antes. Foi uma sensação incrível estar ali no mato, adormecer sob o céu aberto, mas depois acordei em meio à escuridão com o barulho de algo passando pelas folhas, e meu coração disparou. Milícias? Rebeldes? Soldados? Imaginei-os nos cercando, prontos para atirar. Quando estava prestes a acordar minha mãe, um pássaro grande voou de dentro do mato. Deixei-a dormir.

O sol nasceu e minha mãe deu a cada um de nós um copo de água para começarmos o dia. Foi tudo. Tinha a esperança de que encontrássemos alguma fruta pelo caminho, ou talvez algumas raízes para mastigarmos, porque, caso contrário, não haveria comida alguma até o anoitecer. Arrumamos as coisas e começamos a andar pelo meio do mato. Às vezes, encontrávamos uma trilha de gado ou um caminho já usado por outras pessoas, mas no mais íamos andando pelo mato.

Não demorou muito e chegamos à floresta, que era quente e onde não conseguíamos ir depressa, principalmente o meu pai, cujo quadril ficava mais dolorido e endurecido a cada quilômetro que passava. O sol atravessava as árvores e coloria o solo, mas mesmo assim parecia que estávamos caminhando por uma caverna verde e escorregadia, e cada um de nós vestia a umidade como se fosse um terno pesado. Meu suor atraiu moscas, que me picavam, sugando sangue, o que atraía mais moscas. Era uma batalha sem fim. Nuvens espessas de mosquitos. Dava tapas no rosto e pescoço para afugentá-los, mas, sempre que me livrava de um, aparecia outro. Era um inferno. Andamos pela floresta o dia todo. E no dia seguinte também. Meus chinelos eram inúteis para andar na lama e sobre as raízes escorregadias, e o mato cortante penetrava em minha pele.

No quarto dia, estava morrendo de fome. Comer uma pequena quantidade de cozido de folhas e raízes à noite não satisfaz nem alimenta, em particular após ter caminhado durante oito ou nove horas. Continuamos nos arrastando pela floresta, meu estômago doendo como se tivesse sido virado do avesso, quando minha mãe de repente avistou algumas frutas penduradas em uma árvore.

— Crianças, olhem só isso! – ela disse, animada.

Colheu algumas frutas e as abriu para que cada um de nós pudesse comer um pedaço.

— Chama-se *amurok*.

Tinha um sabor doce, e uma sensação boa percorreu meu corpo quando a engoli. Dali em diante vimos muitos pés de *amurok*.

Anos depois, durante a minha segunda semana em Londres, uma de minhas colegas de escola, uma menina escocesa de pele branca e cabelos vermelhos, me deu uma maçã vermelha. Nunca tinha visto uma fruta como aquela antes; era tão dura e brilhante, como uma pequena pedra. Eu a mordi e o sabor me remeteu diretamente à floresta. Tinha o mesmo sabor de *amurok*.

•

Na segunda noite, paramos e acampamos em outra cabana abandonada. Como de costume, deitamo-nos juntos na esteira de palha e nos cobrimos com os lençóis. Minha mãe e meu pai nas extremidades e os mais novos, eu inclusive, no meio. Ouvi a movimentação da floresta, cantos de pássaros e sapos coaxando. Era incrivelmente barulhento. Depois ouvi o som das folhas mexendo e, claro, pensei que era um leão.

— Como vamos conseguir dormir? – perguntei à minha mãe.

— Ouça, Alek, costumava ouvir esses mesmos sons quando era criança – ela explicou.

— E ainda está aqui – falei. — Ninguém comeu você.

— Graças a Deus! – suspirou ela. — Considere esses

momentos como uma nova experiência que será divertida e fortalecerá você.

Deitados a céu aberto, meu pai nos apontou as constelações. Senti-me segura de repente, com todos os meus irmãos e irmãs ao meu lado, e pensei: "Realmente, a vida é bela". Meus pais davam um jeito de fazer tudo parecer bom.

Minha alegria durou pouco. Acordei na escuridão com pingos de chuva caindo na minha testa. Logo veio um dilúvio e fiquei encharcada. Senti-me como um sapo. Peguei no sono de novo, mas acordei de madrugada, molhada e com frio. Ainda chovia. Alisei meu vestido com estampa florida e calcei meus chinelos. Sequei meu rosto, escovei os dentes com um graveto e continuei a caminhada junto com a minha família, sentindo fome e nutrindo a esperança de encontrar comida. Às vezes, esfregava a mão na barriga para suavizar a dor. Hoje, mais de duas décadas depois, essa lembrança me dá vontade de chorar.

Sempre otimista, minha mãe encarava o lado positivo. Lembrou-nos de que agora não precisávamos tomar banho. Ela cantava músicas ridículas, fazia piadas, criava jogos e nos contava histórias de como era a vida quando ela era criança. Tínhamos sido forçados a deixar a nossa casa, não sabíamos direito como chegar aonde estávamos indo, nem mesmo sabíamos se haveria gente lá quando chegássemos. Ainda assim, lá estava ela, de bom humor.

Pelo menos não havia nenhum homem armado. Nenhuma bomba ou míssil. Nada de aviões nem helicópteros, ela dizia.

Andamos desse jeito por duas semanas, dando gargalhadas o dia todo e à noite dormindo ao relento, sob a chuva, com a barriga roncando. Até que um dia vimos gado pastando e um senhor andando em nossa direção. Meu pai avisou:

— Chegamos.

Mal podia acreditar. Senti um alívio enorme por nossa caminhada ter chegado ao fim. Podia avistar a aldeia onde os parentes distantes de meu pai moravam. Havia minúsculas cabanas redondas feitas de barro e palha, dispostas em linha. Quando vi aquelas cabanas, senti uma pontada de tristeza. Nossa casa em Wau era enorme comparada a elas. Fiquei triste e temerosa sobre como a aldeia poderia ser diferente do meu lar em Wau.

Algumas pessoas vieram correndo em nossa direção e pensei: "Minha nossa, como será isso aqui?". De uma hora para outra havia vinte e tantas crianças ao redor, dizendo:

— Bem-vindos! Bem-vindos! De onde vocês são?

Então me ocorreu que afinal podia ser legal.

Mas não durou.

— Crianças da cidade, crianças da cidade – diziam eles. — Vamos comer vocês vivos!

Deram sonoras gargalhadas. Eu não via graça nenhuma.

Desde o momento que chegamos, sonhava em ir embora. Quanto antes melhor. Mas tinha só nove anos. Não entendia a guerra. Não percebia como era boa a vida na aldeia se comparada a ela.

Capítulo 4

Sentamo-nos sob uma árvore grande em uma das extremidades da aldeia e passamos uma cabaça de abóbora com água do poço uns para os outros. E depois passamos de volta para o outro lado. Tinha gosto de água pura e fresca. Agora sentia que a sede e as poças de lama da nossa jornada já estavam muito distantes. Alguns aldeões juntaram-se ao redor, enquanto os mais velhos se punham a par das notícias com a minha mãe e meu pai. Eu e meus irmãos olhávamos à nossa volta em silêncio. Quase todos os aldeões estavam descalços. Muitas das mulheres usavam pedaços de pano coloridos em volta da cintura e nada sobre o tronco. Alguns dos homens usavam calças compridas de cor bege e túnicas, mas a maioria não vestia quase nada, e praticamente todos os homens carregavam lanças, para caçar ou lutar com inimigos, ou nos aterrorizar – sabe-se lá! As crianças, algumas delas nuas, a não ser pela camada de lama e terra que as cobria, encostavam-se umas nas outras, de mãos dadas, e nos olhavam como se fôssemos alienígenas. Creio que para elas éramos de outro planeta, com nossos chinelos de borracha e vestidos de algodão. Não estavam acostumadas a ver pessoas que viviam nas cidades. No Sudão, a diferença entre a vida nas cidades e nas áreas rurais é de fato a diferença de um século para outro. O que não significa que uma seja melhor do que outra, mas é impossível não se perceber o abismo entre os dois estilos de vida. Meus pais teriam de ser a ponte.

Dei uma longa espiada na pequena aldeia. A área sombreada onde estávamos era cercada de campos com um restolho seco da última colheita de milhete. Brotinhos verdes da próxima safra começavam a aparecer. Um curral próximo abrigava parte do gado de chifre longo, enquanto a outra parte andava solta pela aldeia. Havia um gigantesco celeiro circular com paredes de terra batida e um teto de palha em tramas que se elevava, formando um pico. Atrás, por caminhos de terra vermelha, uma série de casas bem menores, também circulares e com o mesmo tipo de teto, que se afunilava conforme subia. Era preciso se curvar para passar pelas minúsculas portas de madeira das casas. Tudo era feito à mão e gasto, marcado pelo suor e pela chuva. A fumaça que saía das fogueiras usadas para cozinhar se misturava à paisagem. Havia um "muu-muu" constante do mugir do gado. Sentia-me aliviada por estar a salvo na aldeia de nossos ancestrais, e, depois de duas semanas andando sem ter quase nada para comer, estava morrendo de fome.

Uma das tias de meu pai nos guiou por um caminho que levava a um grupo de quatro pequenas cabanas e abriu a porta para nossa casa temporária. Espiando lá dentro, observei o chão de terra, as paredes de barro e o teto de palha. Entrava luz por algumas frestas onde a palha não alcançava direito a parede de barro, e a luz apenas mostrava como o lugar estava sujo. Era ali que nós oito iríamos dormir. Sentia-me grata, mas também decepcionada. Percebi que nossa vida ali não seria fácil, e me senti culpada por ser tão mimada a ponto de me preocupar com isso. Afinal, era melhor do que aquilo que havíamos deixado para trás. Não comentei absolutamente nada.

Naquela noite nos juntamos aos parentes distantes, ao redor da fogueira, para jantar. Um grupo de crianças da aldeia enfileirou-se perto de nós, formando uma espécie de muro, e ficaram lá em pé, olhos fixos em nós, enquanto nos sentávamos no chão de terra. Salivei ao pensar no cozido de carne e legumes que estávamos prestes a comer, junto com *adung*, um prato quente feito de grãos. Não sentia o cheiro de carne sendo cozida havia semanas, e meu estômago gritava de ansiedade. Um menino de cabelos curtos e olhos brilhantes, trajando apenas calças, não parava de me olhar. Quando fiz uma careta para ele, seus olhos ficaram ainda maiores. Desviei o olhar, mas, quando voltei a observá-lo, continuava me encarando. Escorria uma meleca de seu nariz.

— O que você quer? – perguntei ao menino. — Por que está me olhando tanto assim?

Nossos anfitriões, que eram primos do meu pai, pararam o que faziam e me olharam.

— Uma menina não fala desse jeito – falou o primo do meu pai. Ele tinha pequenas cicatrizes na testa, e pesados tarugos esticavam-lhe os lóbulos das orelhas. Ele me assustava um pouco.

— Mas ele fica... – comecei a dizer.

— Quieta, criança.

Meu pai me lançou um olhar que dizia: "Alek, as coisas aqui são diferentes". Retiraram o cozido do fogo. Agachamo-nos em círculo ao redor da panela e, quando chegou a minha vez, peguei um pedaço de carne. Quanta decepção. Tinha um aspecto horrível; não se parecia em nada com a comida da minha mãe. Mordi um pedaço e mastiguei, mas me causou ânsia de vômito.

Olhando de perto, pude ver restos de vermes e insetos na carne seca.

— Não consigo comer isto – sussurrei no ouvido da minha mãe. — Está sujo.

— Eu sei, Alek, mas você não pode dizer uma coisa dessas. Cala a boca! Acabamos de chegar aqui.

Fiquei envergonhada. Não sabia que nas aldeias as crianças não tinham direito de expressar opiniões. Em particular em relação a coisas como comida, por exemplo. Você come o que lhe servem.

— Come um pouco, Alek, você está tão magricela! – disse uma das mulheres.

Não queria comer de jeito nenhum, mas peguei outro pedaço de carne seca e forcei goela abaixo, com vermes e tudo.

— Não vai sobreviver magricela desse jeito – ela soltou uma gargalhada.

Sorri e mastiguei, disfarçando a vontade de vomitar.

— Coma, coma – falou a mulher.

Deitei-me sobre uma coberta naquela noite, aninhada nos braços da minha irmã. Era uma sensação boa, afinal, estar com o estômago cheio, mesmo sabendo que havia vermes lá dentro. Ou aprendia a ser uma menina do campo ou morreria de fome.

Na manhã seguinte saí andando pelo mato para usar o banheiro da mãe natureza. Quando voltei, minha mãe estava triturando grãos em um grande pilão de madeira com uma mão de mais de 1,5 metro de altura. Ela erguia todo aquele peso com as duas mãos e socava os grãos com força, repetidamente.

— O que é isso? – perguntei.

— Não tem farinha aqui, temos de fazer nós mesmos.

Percebi que não haveria chá naquele dia. Bebi um copo de água e comecei a trabalhar, varrendo o chão da cabana com um feixe de palha amarrado com folhas entrelaçadas.

— Mas, mãe, acabamos de chegar aqui ontem à noite – falei. — Não temos um descanso?

— Isso aqui é aldeia, menina. Não existe descanso.

Estava arrasada.

— Você vai se acostumar.

O trabalho continuou. Minha irmã moeu mais farinha para a nossa refeição seguinte do dia. Peguei o quiabo que alguém tinha nos dado e espalhei para secar ao sol.

As vacas da minha mãe haviam chegado à aldeia, trazidas pelo homem de Wau. Ele soubera pelo boca a boca que havíamos mudado de rota, então ela estava acordada desde cerca de quatro da manhã, tirando leite direto das tetas para um vasilhame alto, feito de casca de abóbora. Agora batia a nata pra lá e pra cá, pra lá e pra cá, para fazer manteiga. Cozinhou aquilo para clarificar e fazer manteiga de garrafa para cozinhar; depois começou a transformar parte do leite em queijo e separou a outra parte para fazer iogurte. Pediu a mim e à minha irmã que recolhêssemos o esterco fresco e o espalhássemos para secar; à noite o queimaríamos e a fumaça manteria os insetos longe.

Trabalhamos a manhã toda para deixar tudo organizado para o jantar, mas até lá não comemos nada. Não demorou para aprender que as pessoas nas aldeias nunca comem mais de uma vez ao dia, a não ser quando acham no mato alguma fruta ou castanha no pé. Nós, crianças, estávamos sempre lá procurando algo para comer. As outras crianças da aldeia nos ajudavam a identificar o que poderia ser comido, mas estavam sempre fazendo piadas sobre nosso sotaque. E sobre a aparência. E a respeito das roupas. Éramos um grande motivo de riso para eles.

— Alek, você pode ir ao poço? – pediu minha mãe no fim da tarde.

Andei pela trilha em direção ao poço. Uma senhora sentada em uma banqueta olhou fixamente para mim quando passei. Seus colares de metal pareciam levantar-lhe o queixo, e tive a impressão de ter visto um brilho de sorriso naquele olhar, apesar de o rosto permanecer impassível. Havia algo de impressionante naquela mulher.

Depois de passar pelo curral, encontrei o poço. Se não estivesse prestando atenção, teria caído lá dentro. Era um buraco perfeitamente redondo, de uns 2 metros de diâmetro e com sulcos feitos com pás e pedaços de pau, que mostravam como havia sido esculpido na terra. Havia duas tábuas de madeira deitadas sobre a abertura. Olhando para baixo, para aquela escuridão, tentei me colocar no lugar do homem que cavou os últimos metros lá no fundo. Era assustador.

Minha mãe tinha me dado um recipiente vazio de óleo de cozinha para carregar a água à cabana. Em Wau, tínhamos uma bomba e eu só precisava prender o vasilhame e mover a alavanca para cima e para baixo. Esse poço era bem mais complicado. Você tinha de andar sobre as tábuas e jogar o balde dentro do poço. Era amarrado às tábuas, para que você pudesse puxá-lo de novo, usando a corda. Mas o que evitaria que eu caísse quando tentasse içar o balde de volta? Ficar na beira do buraco me deixava tão tonta que quase me virei e fui embora, mas não poderia encarar a minha mãe sem a água. Então algumas crianças apareceram.

— Menina da cidade, não vá cair aí dentro.

— Você é um bichinho medroso.

Corei de vergonha.

— Qual é o problema com seu rosto, menina? – perguntou uma delas.

A minha psoríase. Não respondi.

Ela era uma menina alta, talvez tivesse uns 12 anos.

— Não sabe como fazer, sabe? – perguntou ela.

Balancei minha cabeça de um lado para o outro. Tinha medo dela. E medo do poço.

— Deixa que eu ajudo você – sugeriu gentilmente.

Ela sorriu, e foi como se tivesse salvado a minha vida. As outras crianças ficaram quietas e juntas me ajudaram a encher o vasilhame. De repente, senti-me um pouco mais em casa na aldeia. Pus a água na cabeça e caminhei de volta para a cabana com um sorriso no rosto. Quando passei novamente pela senhora dos colares, ela me olhou e levantou os dedos me cumprimentando.

Era tão majestosa com todas as suas joias! Os dinkas não têm muita tradição em arte representativa. Tradicionalmente, nunca pintaram telas ou papéis, nem mesmo pedras ou madeira. Decoravam, sim, os próprios corpos, com tinturas, cicatrizes, colares de contas, e outras peças feitas de conchas de ostras, marfim e metal, até mesmo contas de vidro de Veneza, trazidas há muito tempo por mercadores europeus. Alguns homens eram extremamente vaidosos. Em ocasiões especiais, usavam coletes justos feitos de contas. Aquela senhora sentada naquela banqueta era uma representação tão rica da nossa cultura que me fez sentir orgulho. E ela havia me cumprimentado! Não me sentia mais uma absoluta estranha na aldeia.

•

Naquela época, mais de 1 milhão de dinkas vivia no Sul do Sudão. Desde então, tantos fugiram ou foram mortos que tornou-se difícil dizer quantos sobraram, mas sempre fomos o grupo mais numeroso da região. Acredita-se que os antepassados dos dinkas de hoje foram os primeiros a trazer gado domesticado do Egito pelo deserto do Saara abaixo, onde permaneceram, às margens do Nilo Branco. Os dinkas de hoje provavelmente se consolidaram como um grupo por volta de 1500 a.C. e, desde essa época, lutaram contra invasores, de turcos otomanos no século XIX aos invasores da nossa mais recente guerra civil.

Originalmente, os dinkas não viviam em aldeias o tempo todo. Cada grupo, formado por até, digamos, umas cem famílias, acompanhava o gado do pasto ao rio, dependendo da estação. Mulheres e crianças dormiam dentro de casas temporárias e os homens dormiam com o gado nos currais com teto de barro. Hoje em dia, a maior parte das aldeias são assentamentos permanentes, embora alguns membros dos clãs ainda guiem o gado ao pasto ou para o rio, quando é preciso.

No idioma dinka, nos autodenominamos *Moingjaang*, que significa "gente do povo", e nossos laços familiares são de importância vital. Assim como contamos com os parentes distantes do meu pai para nos ajudar a escapar da guerra em Wau, qualquer dinka tem certeza de que os parentes de sangue farão todo o possível para ajudá-lo quando precisar.

Os clãs se fundamentam na descendência paterna – as mulheres se tornam membros da família do marido após o casamento. Diz-se que, se um homem não tiver um filho homem, nunca se tornará um ancestral e estará assim condenado a uma eternidade de esquecimento após a morte, já que não existem herdeiros para continuar sua linhagem. Para evitar que isso ocorra, se um menino morrer antes de se casar, seu irmão ou outro parente casará em nome dele com uma mulher, e os rebentos nascidos dessa união serão considerados filhos do rapaz falecido. O mesmo acontece quando um homem morre antes de a mulher ter filhos – o irmão terá filhos com a viúva e eles serão considerados descendentes do homem morto.

É claro que os homens dominavam as aldeias, ou achavam que dominavam, como na maior parte dos lugares do mundo. Poligamia era uma prática comum. Meu pai nunca teve mais de uma mulher, porque ele e minha mãe não achavam que daria muito certo, mas muitos homens, em especial nas aldeias, tinham duas ou três. Alguns líderes tribais tiveram várias centenas de mulheres, o que é um verdadeiro sinal de riqueza, já que cada esposa custava ao marido várias cabeças de gado. Os dinkas procuram não se casar com parentes próximos, para evitar os riscos de casamentos consanguíneos.

As meninas aprendem desde pequenas a cozinhar sobre uma fogueira, e eu não fui exceção. Nas aldeias, os alimentos básicos são mingau de milhete, legumes e leite. Os homens pescam ou caçam animais, tais como veados e crocodilos, mas estes não fazem parte da dieta habitual. Só comíamos carne nas aldeias quando uma vaca morria de causas naturais ou devido a uma cerimônia de sacrifício. Os dinkas dificilmente matam uma vaca só para comer a carne, e não é considerado saudável ou de bom gosto comer um animal que se encontre morto na floresta ou na beira da estrada.

Nas áreas rurais, as mulheres tradicionalmente plantam e supervisionam as plantações de amendoins, grãos, favas e milho, enquanto os homens tomam conta do gado. O gado é tão importante para nossa cultura que um homem, de certa forma, pode apaixonar-se por uma vaca em especial, dar-lhe nome próprio e cantar músicas para o animal. O homem dinka casa-se com a vaca dele, embora o relacionamento seja espiritual e simbólico, e não carnal.

•

Um dia, os mais velhos da aldeia reuniram um grupo de meninos entre 10 e 16 anos das áreas próximas para lhes raspar a cabeça. Naquela noite, trouxeram-nos para cantar canções tradicionais que contavam histórias do clã. Devia haver em torno de cinquenta meninos e homens lá, alguns dos homens usando coletes de contas e saiotes feitos com os pelos dos rabos das vacas. A maioria portava lanças ou galhos longos com folhas na extremidade. Vários homens batiam em um tambor, que haviam feito queimando o interior de um tronco de árvore.

Durante toda a noite, ouvi o canto deles. As músicas narravam histórias das aldeias, falavam sobre a nossa criação e dinkas que tinham feito coisas importantes. Como não tinham papel nem caneta, os contadores de histórias das aldeias preservavam a tradição do povo nessas músicas, que eram transmitidas de geração em geração. À medida que as horas passavam e as músicas continuavam, os meninos entraram em uma espécie de transe, adormeceram sentados, e assim passaram a noite.

Aos primeiros sinais da alvorada, os pais os levaram a uma clareira, onde se sentaram de pernas cruzadas. Um dos mais velhos segurou uma faca afiada sobre a pele do primeiro menino e girou sua cabeça, de forma que a faca cortasse linhas finas e suaves na testa, enquanto o menino evocava os nomes dos ancestrais. Sangue escorria pelo seu rosto, mas ele não gritou, pois demonstraria covardia de sua parte, além de poder fazer com que a faca escorregasse, deixando uma cicatriz irregular que, pelo resto da vida, o rotularia como um fraco. Agora era um homem, capaz de cuidar do gado, caçar e proteger a aldeia de invasores. Após a cerimônia assustadora, os pais dos rapazes embrulhavam folhas grandes ao redor da cabeça dos filhos para cobrir as feridas.

Ao olhar para aqueles homens novinhos, cujo sangue pingava na terra, senti um misto de enjoo e orgulho. Meu pai tinha as mesmas cicatrizes. Olhei para minha mãe e pela primeira vez as cicatrizes no braço dela fizeram sentido para mim. Então entrei em pânico – e se quisessem marcar a minha pele também? Desde tempos antigos, as mulheres dinkas faziam cicatrizes em rituais. Minha tia havia me contado que, enquanto a seguraram agachada no chão, um homem havia cortado seu rosto.

Já era de esperar. Após estar na aldeia havia alguns meses, as mulheres mais velhas começaram a falar que já estava na minha hora. Eu me desesperei, mas minha mãe foi taxativa. Ela e meu pai queriam que as filhas vivessem bem no mundo moderno, nas cidades, sem cicatrizes que as marcassem para sempre como intrusas. Portanto, apesar da indignação dos mais velhos da aldeia, não permitiram que ninguém encostasse uma faca no meu rosto. Graças a Deus.

•

Curiosamente, na minha família era a minha mãe, e não meu pai, a obcecada pelas vacas e preocupada em cuidar delas. Embora tenha crescido em uma aldeia e entendesse tudo sobre gado, meu pai era na verdade um homem moderno, mais acostumado a andar com a maleta para o escritório do que a empunhar uma lança e se embrenhar no mato. Além disso, a lesão no quadril dificultara sua movimentação. Os aldeões deviam nos considerar uma família estranha.

O nome da minha mãe, Akuol, significa "abóbora" no dialeto dinka. É muito apropriado, porque as abóboras são incrivelmente úteis e importantes para a vida das aldeias. Secamos cascas de abóboras e as usamos como potes para servir e armazenar comida. Quando racham, nós as costuramos. Você pode usá-las por muito tempo.

Na aldeia, minha mãe era como uma dessas abóboras – muito útil. Resolvia as coisas, e sua eficiência era invejada por diversas pessoas. Até o gado dela era invejado. Lembro-me de que algumas das outras famílias cobiçavam o melhor touro que ela tinha, que era alto e corpulento, um ótimo reprodutor. Minha mãe cruzava as vacas com ele e obtinha bezerros valiosos. Certa manhã, um criador trouxe as vacas para perto do pequeno rebanho da minha mãe, fingindo casualidade. Mas demorou-se um pouco demais. O que ele queria, afinal, era que o touro da minha mãe fosse atraído e cruzasse com a vaca dele, de graça. Minha mãe disse que ele não poderia usar o touro a não ser que pagasse. O homem foi embora.

Em uma outra manhã, minha mãe me acordou, chacoalhando meus ombros.

— Alek, levanta, minha vaca está parindo e precisa de ajuda.

Corremos para a frente da cabana e lá estava Alwel, mugindo, parecendo entrar em colapso. Estava com a língua pendurada para fora e parecia tão desesperada que comecei a chorar.

— Alek, não há tempo para isso. Vem, segure ela.

Coloquei as mãos em torno do pescoço da vaca para segurá-la enquanto minha mãe foi por trás.

— Isso, Alek, mantenha-a firme.

Estava descalça sobre uma poça de sangue morno e viscoso. Minha mãe falava com a vaca.

— Boa menina, Alwel, boa menina.

Alwel era um nome comum para uma vaca parda como aquela. Minha mãe era apaixonada por ela. Ela enfiou a mão por dentro de Alwel e tateou gentilmente procurando pelas pernas traseiras do bezerro – estava invertido. Alwel olhou nos meus olhos com aquele olhar típico de vaca, um olhar vago, mas imaginei que deveria estar bem aborrecida.

— Endireite-se, Alwel – ordenei.

Ela ficou surpreendentemente imóvel.

— Aqui está! – disse minha mãe.

Ela puxou. Dava pra ver a tensão no seu rosto. E as patas dianteiras de Alwel quase desmoronaram quando a novilha saiu e caiu no chão. Alwel mugiu e inspirou. A novilha estava viva e saudável, era malhada de cinza e muito bonita.

Meia hora depois, a bezerrinha já cutucava a mãe com o focinho, querendo mamar.

— Fez um bom trabalho, Alek – falou minha mãe.

Nada me deixava mais feliz que um elogio dela.

•

A conduta esperada do povo dinka é de honra e dignidade. Para o mundo externo nossa postura – cabeça erguida, corpo ereto, cheios de orgulho – pode parecer um pouco arrogante. Não é essa a intenção; sentimos também a necessidade de tratar os outros com respeito e de ser gentis e generosos, em particular com os dinkas, como nós. Todos os dinkas devem oferecer seu tempo, comida e cortesia uns aos outros. Quando as comunidades têm problemas, as pessoas se reúnem em encontros públicos, onde debatem umas com as outras, e o chefe, depois de ouvir todos os lados, resolve os conflitos.

Tradicionalmente, cada aldeia tinha um líder poderoso chamado "mestre da lança", que recebia dos espíritos sabedoria e poder. Os colonialistas britânicos não pouparam esforços para acabar com esse costume, pois não queriam que essas figuras tão poderosas das aldeias atrapalhassem a imposição de suas regras coloniais. Atualmente existe menos reverência aos líderes tribais, embora os mestres da lança ainda tenham influência em diversas aldeias rurais. O mundo moderno aparece de vez em quando – na forma de caminhões; pilotos de táxi-aéreo que arriscam a vida para levar pessoas e mercadorias a áreas remotas da África; e eventualmente turistas ou pesquisadores –, porém a cultura rural dinka permanece bastante tradicional. Nossa aldeia, que foi povoada pelos parentes do meu pai, não tinha eletricidade nem água encanada. Lembro-me de ver facas e panelas, mas não havia rádios – e, se houvesse aparelhos, não haveria sinal – nem iluminação outra que não fossem a lua e as estrelas à noite. Até mesmo velas e lampiões eram bem raros.

Embora não seja muito religioso, meu povo acredita em uma divindade chamada Nhialac, que criou toda a vida. Comunicamo-nos com esse ser divino através de espíritos e rituais que fazemos quando alguém morre ou nasce, ou quando alguém está doente ou em crise. Às vezes sacrificamos gado como oferenda a Yath e Jak, os intermediários primários entre nós e Nhialac. A história mostra que os dinkas resistiram bravamente ao islamismo, mas os missionários cristãos foram muito bem-sucedidos. Hoje em dia, cerca de um a cada 12 dinkas se considera cristão, apesar de a maior parte dos cristãos, minha mãe inclusive, ainda praticar os rituais tradicionais dinkas. Uma vez dinka, sempre dinka.

Não temos um livro sagrado dos dinkas, nem um conjunto de regras com determinadas coisas que devamos fazer semanalmente. Nossa espiritualidade é muito mais fluida, sem uma distinção muito clara entre o mundo natural e o sobrenatural. Os dinkas das regiões rurais, em especial, têm um contato quase sem limites com o mundo espiritual através da relação com as vacas e a natureza. Os ancestrais povoam o mundo espiritual e influenciam ativamente o dia a dia dos descendentes. Os espíritos, que vivem em árvores, revelam-se por meio de máscaras e animais, e até mesmo de pessoas que atuam como intermediárias entre nós e o nosso Deus. Quando algo excepcionalmente bom acontece, como uma chuva durante um período de seca, os dinkas louvam o espírito que controla a chuva. Podemos louvar, mas não questionar Deus, porque, comparados a Ele, somos apenas grãos de poeira no planeta.

Existe também uma forte crença de que algumas pessoas herdam poderes de magia e feitiçaria, e podem usá-los para prejudicar quem tente atrapalhar seu caminho. Para conter esses feitiços, os dinkas consultam profetas que identificam a bruxaria e removem o feitiço lançado.

Certa manhã de tempo muito quente, quando saí para varrer o quintal, a aldeia parecia estar bastante agitada. Até os pássaros faziam muito barulho. Tratava-se de um funeral que iria acontecer, de um ancião muito respeitado na tribo, e os homens se preparavam para sacrificar uma vaca.

Mais tarde, naquele mesmo dia, reunimo-nos perto do jazigo da família do falecido, uma escultura de aproximadamente 2 metros de altura feita de barro e palha. Alguns homens trouxeram uma grande vaca branca e a amarraram pelos dois chifres a uma estaca fincada no chão. A pobrezinha não parava de puxar a cabeça, tentando, em vão, se soltar. Um homem derramou leite na estaca. Os homens recitaram orações em um ritual e então um deles foi até a vaca e fez um corte em seu pescoço com um arpão. O sangue começou a esguichar da jugular do animal, um bombeamento escarlate, e senti meu próprio corpo desmoronando com o choque. Tive de me apoiar no braço da minha mãe. Após alguns momentos, a vaca tinha caído de joelhos. Depois as pernas traseiras ficaram bambas e ela desabou no chão. As pessoas ao redor sorriam. Não entendi. Por que haviam matado a vaca? Percebi que as outras crianças tinham razão: eu era uma alienígena. Eram tantas coisas que eu não entendia.

Voltei à cabana, contei a Athieng e ao meu irmãozinho, Deng, o que tinha acabado de ver. Eles queriam ir correndo para lá ver o sangue, mas eu os impedi.

•

Embora nunca tivesse considerado meus pais permissivos em exagero, a vida na aldeia me mostrou o quanto minha vida em Wau era fácil. Sempre expressei minha opinião. Em geral, sou uma pessoa bastante tranquila, mas, se algo me desagrada, eu digo. Quando era criança, isso era ainda mais intenso. Meus pais respeitavam nossas opiniões, desde que respeitássemos a autoridade deles, mas na aldeia os adultos se surpreendiam até por termos opiniões próprias, que dirá por expressá-las. E se essa ousadia partisse de uma menina então... pior ainda. Todos os homens, e isso incluía os jovens, sentiam-se no direito de dar ordens a mim ou outra menina, ou alguma outra mulher qualquer. Se você não obedecesse, eles te batiam. Não que dessem uma surra, mas com certeza mostravam o queriam que você fizesse.

O problema era que meus pais haviam me criado de outra forma. Meu pai tratava minha mãe com respeito e nunca tinha sido violento com ela. Não entendia por que os homens na aldeia se achavam no direito de bater em uma menina, ou, ainda pior, de roubá-la da família no meio da noite e casar-se com ela, desde que deixassem algumas cabeças de gado como pagamento. Mas eles tinham esse direito. Acontecia muitas vezes. Se a menina reclamasse, ninguém a ajudaria. As esposas eram propriedades.

As pessoas gostam de romantizar a vida rural na África. Há de fato coisas maravilhosas, mas, para as mulheres, as aldeias podem ser uma experiência árdua. Isso vale para todo o continente.

•

Mesmo durante a estação das chuvas, as noites começaram a ficar muito quentes. Em uma delas, a cabana parecia uma prisão sufocante de barro, então levamos as roupas de cama para fora. Os outros tiveram a mesma ideia. À suave luz da lua, conseguia distinguir as formas de pessoas dormindo em frente de cada cabana.

— Mãe, e os leões? – perguntei.

— Shhh... – ela respondeu, exausta.

— Um leão partiria você ao meio, Alek. Cuidado! – avisou meu irmão mais velho.

— Mesmo?

— Pare de assustar sua irmã. Se continuar falando assim, vai mesmo acontecer, só que ele vai comer você, não ela.

Depois dessa, seus olhos esbugalharam-se e ele ficou apavorado. Deitamo-nos de costas na escuridão, ouvindo os sons. Um galho quebrou e um pássaro levantou voo de uma árvore, asas batendo. Conseguia ouvir movimentos no mato. Ou seria o vento?

— Papi? – chamei.

— Não se preocupe – disse meu pai. — Um leão não chegaria perto de uma aldeia. São inteligentes demais para fazer isso. Nenhum leão quer acabar aquecendo o traseiro de um ancião.

Logo adormeci, ouvindo o ritmo da respiração da minha irmã.

Acordei com o mais tenebroso barulho bem dentro do meu ouvido. Bati com a palma da mão na orelha e só piorou. Sentei e dei um grito.

Tinha um inseto dentro do meu ouvido. Gritei de novo, e minha mãe e meu pai acordaram. Contorcia-me e arranhava meu ouvido para tirá-lo de lá.

— Manhê! – gritei.

— O que foi, Alek? Fique quieta, você vai acordar a aldeia.

Havia acabado de acontecer. Uma voz masculina veio do conjunto de cabanas do outro lado da aldeia:

— Que inferno, menina, cala a boca!

— Tem um bicho no ouvido dela – minha irmã gritou de volta.

— E daí?

— Está enlouquecendo ela.

— Deixa de ser respondona – ele gritou. — Estou tentando dormir.

Os homens lá eram bravos, nem um pouco razoáveis. Não eram como o meu pai, que veio me confortar.

— Quietinha, querida – pediu ele.

Algumas crianças apareceram para me apontar e rir de mim. Fiquei tão nervosa que comecei a chorar.

— Quieta! – ordenou o homem.

O inseto se moveu dentro do meu ouvido; gritei.

O homem correu até nós e levantou um chicote para me bater.

— Pare! – falou meu pai.

— Não me diga para parar – o homem respondeu e sacudiu o chicote. Felizmente, errou.

Meu pai estava mancando, sem condições de brigar, mas mesmo assim continuou firme.

As crianças gargalhavam. Eu gritava e chorava copiosamente.

— Ajudem-me – gritava.

— Você vai ter de esperar até que saia do seu ouvido – disseram as crianças.

Parecia tão cruel.

Então o homem me chicoteou, várias vezes, até meu pai conseguir fazê-lo parar. Levantei e corri para o meio do mato com a mão na orelha.

— Você vai ser pisoteada por um elefante – uma das crianças gritou.

— Cuidado com as cobras! – disse outra.

Estava um breu completo no mato, exceto pelos olhos reluzentes dos leões, o medo me fez imaginar. Continuei correndo. Tropeçava e caía na terra, e levantava e continuava correndo. Estava bem no meio do mato quando parei e olhei à minha volta. Nada. Estava sozinha. Queria estar em casa, em Wau, pegando no sono enquanto minha mãe me contava uma história.

Percebi que, obviamente, os aldeões estavam certos. Ninguém podia fazer nada. Estava fazendo um escândalo à toa. Fiquei lá até quase o amanhecer, o inseto fazendo uma barulheira o tempo todo. Quando voltei, minha família continuava dormindo no chão. Fiz uma fogueira e me sentei, observando até que cada um acordasse. Ninguém mencionou nada sobre o meu ouvido, nem sobre ter passado a noite no mato.

Em algum momento naquela tarde, o barulho desapareceu. O alívio não foi nem um décimo do que havia sido o incômodo. Nunca cheguei a ver que tipo de inseto era. Toda noite, a partir de então, dormia com uma orelha encostada na roupa de cama e o braço sobre a outra. Dormia sonhando com as paredes de concreto e o telhado de zinco da nossa casa em Wau.

•

Sei que meus problemas eram de criança, e que, em comparação com todas as dificuldades que meus pais e outros adultos da aldeia tiveram de passar, as minhas eram irrelevantes. O inseto, afinal das contas, era apenas um inseto e não me importunou por muito tempo. Aprendi bastante com meus pais enquanto vivemos na aldeia. Durante todo o tempo, meus pais mantiveram uma esperança e um otimismo que os ajudaram a superar tanta dor. Sei que muitas pessoas reagiriam com raiva e revolta, ou se refugiariam na bebida e nas drogas, e tenho sorte por não terem feito nada disso. Acredito que nossa cultura dinka tão forte contribuiu muito, mas o mais decisivo e que nos dava forças era mesmo a natureza dos meus pais e a visão de mundo deles. Eles viam virtude na dor; não ignoravam o sofrimento nem tentavam escondê-lo, mas também não permitiam que tomasse conta de suas vidas. Sempre tivemos a sensação de que, enquanto tivéssemos uns aos outros – meus pais, meus irmãos e irmãs, e eu –, estaríamos bem. Acho que isso é verdade: dávamos esperança uns aos outros. É bastante inspirador o fato de não se ter absolutamente nada e, ainda assim, nutrir a esperança de que amanhã será um bom dia. Esse é um dom maravilhoso que minha mãe e meu pai me deram.

À medida que as semanas passavam na aldeia, esse otimismo inato era impiedosamente testado. O quadril do meu pai piorava a cada dia enquanto esperávamos o fim da guerra. Um dia, pela manhã, fui à cabana e o encontrei deitado sobre a coberta, na posição fetal, com uma expressão estranha nos olhos.

— Ajude-me, filha – pediu ele.

Parecia ser outro homem – distante, assustado e desesperado.

Chamei meu irmão e, juntos, erguemos meu pai. Ele precisava ir ao banheiro, então o levamos para o mato. Cada passo era agonizante. Lá, ele fez um sinal para que eu saísse de perto, para ter privacidade. Olhei para o outro lado e contive as lágrimas. Não suportava vê-lo sofrer assim.

Em pouco tempo ele praticamente não conseguia mais se curvar nem sentar sem cair. Andar era uma experiência dolorosa e lenta. A infecção estava lá, mas ele nunca reclamava.

Havia um senhor idoso que vivia em uma cabana na extremidade da aldeia. Eu o via de vez em quando. Era muito alto e com frequência aparecia do nada, coberto com pó branco. Tinha a cabeça raspada, mas, no topo, havia deixado um tufo de cabelo emaranhado; suas cicatrizes em formato de "V" eram linhas pretas sob a testa e usava um colar de ossos brancos e contas cor de anil com um fecho de ouro. Fumava um cachimbo de tubo longo de latão, tipo *chibuque*, que tinha o fornilho feito de pedra. Os ossos sobressaíam na face austera, coberta de pó, que nos olhava do topo de sua altura. Nós, crianças, o chamávamos de "fantasma gigante". Dificilmente ele dizia alguma coisa, mas, quando dizia, era baixinho e em voz suave.

Diziam que ele era um curandeiro. Certa manhã, a mando da minha mãe, fui buscá-lo para examinar meu pai. Ele encostou o nariz no quadril do meu pai e inspirou. O odor da infecção fez com que sua cabeça se afastasse imediatamente. Então fez um sinal negativo com a cabeça e disse para minha mãe:

— Médico. Ele tem de ir a um médico.

E cá estávamos nós, distantes do hospital mais próximo, sem nenhum meio de transporte nem esperança alguma de encontrar um cirurgião. Meu pai precisava de um tipo de cuidado médico que ninguém na aldeia jamais havia imaginado, que dirá visto. Sem isso, morreria.

Capítulo 5

A estação de chuvas, como o nome já diz, trouxe chuvas carregadas que deixaram atoleiros e áreas inundadas na aldeia. Os mosquitos se reproduziam agora que as chuvas haviam acabado. Queimávamos esterco para que a fumaça os afastasse e eu esfregava as cinzas na pele, mas nada parecia funcionar. Eram mais do que uma simples chateação, pois carregavam a malária e outras doenças. Ninguém na aldeia tinha telas contra mosquitos. Por vezes era horrível, com enxames famintos no fim do dia, assim como nós. Nós comíamos. Eles comiam. Noite após noite, aconchegada com a minha família na nossa cabana, lutava com eles. De manhã, acordava com manchas de sangue nos lugares onde os tinha acertado. Tocávamos fogo em mais esterco, e então a luz do dia fazia com que se escondessem.

Para o meu pai, os mosquitos simbolizavam seu fracasso – fracasso esse não percebido por nenhum de nós – em proteger a família da guerra e cuidar para que tivesse um bom lugar para morar. Sempre que alguma coisa dava errado, ele colocava todo o peso da culpa sobre os ombros. Queria tanto que tivéssemos uma vida melhor, mas tinha problemas suficientes consigo mesmo. O quadril o atormentava e ele estava desesperado para ir embora da aldeia, mas não podíamos voltar para casa até que as lutas acabassem.

Como não tínhamos rádio, costumávamos brincar que a minha irmã em Londres provavelmente acompanhava mais a guerra civil do Sudão do que nós. Tudo que sabíamos, ouvíamos do boca a boca. Minha mãe pedia notícias a todos de fora que passavam pela aldeia. Em geral, era apenas alguém de uma aldeia próxima, que não tinha muito mais informação do que nós, mas uma vez ou outra passava algum voluntário, missionário ou comerciante. Por meses as notícias eram sempre ruins. Wau ainda era palco de terríveis batalhas e as pessoas continuavam procurando refúgio nas zonas rurais. Pelo visto, ainda ficaríamos na aldeia por mais tempo, não importava quanto meu pai estivesse mal. Em vez de entrar em desespero, pois a situação não apresentava saída, meus pais começaram a construir uma cabana, para que não precisássemos mais ficar em uma emprestada. Minha mãe permutou parte do seu precioso sal pela palha e outros materiais. Coletamos pedaços de pau para a estrutura e misturamos barro, palha e esterco para fazer as paredes. Pouco a pouco, nossa nova casa tomava forma.

Curiosamente, quando estávamos prestes a cobrir o teto com palha, um comerciante de tecidos apareceu no lugar. Não era dinka, tinha um olhar malicioso, cabelos cor de ferrugem e não apresentava boas maneiras; era um homem grosseiro na verdade. Mas tratou minha mãe com respeito quando ela se aproximou procurando saber notícias da nossa cidade natal – viu que ela era uma pessoa séria. Conversaram, e o comerciante contou que havia passado há pouco por Wau. A guerra tinha destruído praticamente tudo, segundo ele, mas a maior parte das milícias havia fugido e as batalhas estavam chegando ao fim. O governo tinha o controle do aeroporto e da maior parte da cidade.

Minha mãe e meu pai sentaram-se na entrada da cabana e tiveram uma longa conversa. Minha irmã e eu ficamos espiando através de um buraco na parede, ávidas por saber cada detalhe do que se passava, mas falavam tão baixo que não conseguíamos ouvir nada. Os dois tinham, cada um, o seu jeito de ouvir o outro. Os olhos do meu pai se fixavam no rosto da minha mãe enquanto ela falava, preocupada mas animadamente. Já ela segurava nos pulsos do meu pai quando era a vez dele de falar, e ouvia com muita atenção cada palavra do que dizia.

— Estou vendo você espiar, Alek – minha mãe disse quando terminaram de conversar. Ela riu. — Venham aqui fora, todos vocês.

Eu, Deng e Athieng nos agachamos diante de nossos pais, e Mayen, Adaw e Akuol ficaram em pé, atrás de nós.

— Crianças, vamos embora da aldeia em breve – falou nosso pai.

— Aquele comerciante de cabelos vermelhos nos deu algumas notícias – completou minha mãe. — Ele esteve em Wau e disse que as coisas estão melhores por lá agora.

Nenhum de nós disse uma palavra. Como éramos crianças, não nos cabia dizer nada, mas nossa felicidade deve ter transparecido, pois eles sorriram.

— Será difícil, sem dúvida – disse nosso pai.

— Mas temos de ir para casa, para que o pai de vocês possa, de lá, pegar um voo para Cartum e tratar o quadril – mamãe falou.

— Eu ajudo ele – Mayen disse.

— Eu também – completou Adaw.

— Vamos todos contribuir – concluiu Akuol.

Tudo parecia tão maravilhoso! Assim que chegássemos em casa, daríamos um jeito de colocá-lo num voo para Cartum, e meu tio, o médico, o levaria para um hospital. Minha mãe, eu e meus irmãos seguiríamos assim que desse. Permaneceríamos em relativa segurança na cidade até que a guerra chegasse ao fim. Voltaríamos à escola. Comeríamos doces! Nossas vidas seriam ótimas. Estava tão contente, mas ao mesmo tempo bastante preocupada com meu pai. Ele mal conseguia dar alguns passos e já se via a dor estampada no rosto. Dava medo vê-lo assim. Não podíamos ficar na aldeia, e obviamente não podíamos nem pensar em deixá-lo para trás.

Minha mãe decidiu comprar um burro para carregá-lo na volta. Porém, apesar de haver um monte de galinhas e vacas na aldeia, não havia sequer um único burro. Os aldeões simplesmente não ligavam para burros. Minha mãe andou três horas sob o sol escaldante até outra aldeia, onde ela pensava que poderia haver um burro à venda. Qual não foi a surpresa quando lá todos responderam a mesma coisa:

— Você quer o quê? Pra quê?

Parecia que nenhuma das tribos nas redondezas usava burros. Um homem foi muito solícito com a minha mãe depois que ela explicou que meu pai mal conseguia andar e que teria de viajar por pelo menos duas semanas. Correu até alguns amigos para solicitar ideias, mas voltou com os braços estendidos, pedindo desculpas.

— O burro mais próximo fica a cinco dias de caminhada naquele sentido – explicou ele, apontando na direção oposta de Wau.

Minha mãe voltou à aldeia e para o marido, cuja expressão não conseguia esconder o abatimento.

Uma semana depois que o comerciante foi embora, minha mãe preparou um café da manhã especial para nós, com chá e milhete cozido.

— Partiremos hoje – avisou meu pai.

Embrulhamos tudo nos nossos lençóis, enrolamos o comprido colchão de palha e partimos. Não houve estardalhaço nenhum quando fomos embora. Apenas saímos andando pelo meio do mato.

Após uma hora, meu pai mal conseguia mexer a perna e meus irmãos ajudaram-no a se locomover. Não havia dúvida de que nossa caminhada de volta seria muito, muito lenta.

A rotina do retorno para casa foi a mesma da ida à aldeia: juntávamos comida durante o dia e à noite dormíamos em uma cabana abandonada ou em uma clareira. Não parecia mais estranho; era a nossa vida.

Um dia acordei com arrepios, embora já fizesse calor de manhã e estivesse suando. Senti que meu corpo havia sido invadido por uma força brutal que me impedia de levantar. Tudo que conseguia era ter arrepios. Não conseguia sequer levantar a mão para limpar o suor da testa. Minha família acordou e começou a juntar as coisas, mas eu não conseguia me mover.

— Levanta, Alek – insistiu minha mãe.

Rolei e fiz força para ficar de joelhos. Ficar em pé era difícil. Minha cabeça doía e eu sentia como se meus músculos estivessem repletos de alfinetes.

— Você está bem? – perguntou minha mãe.

— Estou.

Não queria atrasar a família toda. Já tínhamos bastante com que nos preocupar. Começamos a andar, mas eu mal conseguia ficar em pé. Fui me arrastando durante toda a manhã; ficava para trás com Deng e meu pai, que era sempre o último da fila. Os outros nunca seguiam mais de 10 minutos à frente. Após todo o tempo que passamos na aldeia, vivendo tão próximos uns dos outros, e com medo de cruzarmos com a milícia ou soldados, não gostávamos de ficar longe. Viajávamos como um bando. Mas eu e meu pai estávamos indo absurdamente devagar.

— Tem alguma coisa errada com você, filha – ele me disse.

— Não, nada. Estou bem.

Continuamos andando. Em certo momento, tive de parar. Estava com ânsia. Vomitei um pouco de bile.

— Alek? Até eu estou andando mais rápido que você.

— Papa – falei, chamando-o como costumava fazer quando era pequenininha. — Estou tão cansada.

— Acho que você está com malária – ele respondeu.

A malária é uma doença endêmica no Sul do Sudão. Todo ano ela atinge, e às vezes mata, milhares de pessoas, porque são pouquíssimos os que têm dinheiro para instalar redes de proteção para impedir que os mosquitos depositem os parasitas da malária no sistema sanguíneo das pessoas.

Os parasitas circulam pelo corpo nos glóbulos vermelhos até chegarem ao fígado, onde se reproduzem. Depois de mais ou menos uma semana – apesar de às vezes demorar muito mais, vários meses até –, os glóbulos vermelhos infectados explodem e os parasitas atacam outros glóbulos vermelhos. Quanto mais glóbulos arrebentam, mais toxina liberam no organismo, o que faz você se sentir como se tivesse o pior quadro de gripe que se possa imaginar. Continuei andando com meu pai. Não havia nada que pudesse fazer. Minha mãe tinha um remédio em uma seringa que ela poderia usar em mim se a malária piorasse muito, mas meu pai achava que meu caso não era para tanto. Então continuei andando, o tempo todo me sentindo como se fosse morrer. De vez em quando, saía um pouco da trilha para vomitar. Sentia-me terrivelmente mal, porém, muito próxima do meu pai: eu e ele éramos os inválidos no fim da fila, lutando para conseguir vencer mais um dia. Enfim, o sol começou a se pôr e nós acampamos.

— Se você se sentir mal amanhã, vamos parar um pouco – disse minha mãe.

Naquela noite, dormi com calafrios. Acordei empapada de suor; o céu estava repleto de estrelas. A noite estava clara e brilhante, e pensei: "Isto é inacreditável". Era reconfortante olhar as constelações que minha mãe apontava quando eu era menor. As estrelas sempre me davam consolo.

Peguei no sono de novo, e, quando acordei com o barulho da minha mãe lavando a louça do café da manhã, percebi que estava me sentindo melhor. Ela havia guardado para mim um pouco do cozido do jantar da noite anterior, então comi e começamos a andar. Àquela altura meus chinelos já estavam bem frouxos. As tiras haviam arrebentado e colocara um barbante no lugar delas, que machucava a pele entre os dedos. A sola tinha buracos. Metade do tempo eu carregava os chinelos nas mãos e andava sem eles, já que meus pés haviam ficado com a sola grossa de andar descalça pela aldeia. Queria poupar os chinelos para os trechos com pedras. Às vezes, a trilha nos levava por áreas com um tipo de grama alta e cortante que furava até mesmo a sola de um chinelo. Quando essa grama cortante acertava uma das minhas lesões de psoríase, eu urrava de dor.

— Ai, meu Deus, isso é loucura – falei ao cruzarmos um campo coberto por esse tipo de grama.

— Imagine quando eu era criança – disse minha mãe. — Nunca tivemos nenhum tipo de calçado. Andávamos descalços em cima de tudo. As solas dos meus pés pareciam de couro.

Adorava quando chovia, porque gostava do frescor da água nos meus pés, mas os temporais eram raros e curtos, pois a estação de chuvas chegava ao fim. Quando chovia à noite, dormíamos sob os pingos d'água e acordávamos com as roupas molhadas, sabendo que até o final da manhã o sol já teria secado tudo. Se chovia durante o dia, rodopiávamos e pulávamos sob as gotas pesadas. A água era morna;

mais parecia um banho. Coletávamos tanta água das chuvas quanto conseguíamos carregar. Quando parávamos para descansar, minha mãe fazia uma pequena fogueira e fervia a água para matar quaisquer parasitas. Não havia outras pessoas por perto para contaminar as poças de onde coletávamos água, mas havia muitos animais na região. Não importava a intensidade da sede – tínhamos de esperar a água ser fervida. Essa era uma das razões por que não adoecíamos muito. Bebíamos só um pouco da água fervida e carregávamos o resto em uma garrafa. Certa noite, já bem tarde, ouvi minha irmã mais velha, Adaw, chamando um dos antigos professores. Não fazia sentido algum, e, quando a sacudi, percebi que continuava dormindo. Na manhã seguinte, ela não acordou com o restante de nós. Ficou debaixo das cobertas, tendo calafrios.

— Malária – constatou minha mãe.

O caso dela foi muito pior que o meu. Passamos o dia todo abanando-a e colocando retalhos de pano úmidos sobre sua testa. Nada parecia resolver. Naquela noite, nenhum de nós conseguiu dormir por causa dos delírios que ela teve devido à febre. Quando o dia amanheceu, logo que o sol enviou o primeiro raio alaranjado sobre o horizonte, minha mãe decidiu injetar nela a única ampola do remédio que vinha carregando. Uma enfermeira, no hospital missionário alemão onde havia sido tratada da psoríase, deu a ampola a minha mãe antes de todos fugirem de Wau, e ela a guardava para o caso de uma emergência.

Minha mãe me mandou buscar água de uma lagoa pela qual tínhamos passado na noite anterior. Em seguida, ferveu na fogueira a água e a agulha por dez minutos.

Minha irmã deitou-se a seu lado sobre a esteira e estirou a perna longa e descoberta, virando a cabeça para o outro lado enquanto minha mãe, que nunca havia dado uma injeção em alguém, espetou a agulha na perna de Adaw. Ela deve ter acertado um nervo ou coisa assim, pois minha irmã imediatamente sacudiu a perna e a agulha se movimentou para os lados. Minha mãe injetou o remédio devagar, mas, quando foi retirar a agulha, começou a jorrar sangue da perna da minha irmã. Com rapidez limpamos o sangue com um pedaço de pano e água.

O remédio funcionou. A febre da minha irmã cedeu, e os outros sintomas também, mas a perna estava dolorida no lugar onde a agulha havia entrado. Com o passar dos dias, a ferida ficou cinza devido à infecção. O pus que saía dela à noite manchava a esteira. Sem nenhum médico por centenas de quilômetros à frente, minha irmã acabou mancando no final da fila. Uma vez em Wau, teríamos de dar um jeito de tanto ela quanto meu pai irem a Cartum. Tinha dez anos e nem imaginava a possibilidade de meu pai ou minha irmã morrerem. Mas a situação era crítica, sem dúvida nenhuma.

Seis meses antes tínhamos deixado nada, chegado a nada, e estávamos agora deixando esse nada por outro nada novamente. Não sabíamos nem mesmo se nossa casa ainda estaria de pé. Não tínhamos motivo algum para alegrarmo-nos. No entanto, estávamos felizes, unidos como uma família.

•

Foram quase quatro semanas desse jeito. Era o início da temporada de seca, e nossos dias estavam mais ensolarados, com mais frutas e plantas comestíveis pelo caminho. Sob alguns aspectos a caminhada estava muito mais fácil, mas, como meu pai e minha irmã estavam sentindo bastante dor, levamos o dobro de tempo no retorno a Wau em relação ao que havíamos gasto na ida para a aldeia. Minha irmã ainda conseguia andar o dia todo, embora devagar, mas meu pai havia chegado a um ponto em que era preciso parar no meio do dia para descansar. Minha mãe sentava a seu lado e o olhava bem nos olhos, para ver como estava se sentindo. Nunca o ouvi reclamar, nem uma única vez, mas ela sempre sabia quando a dor era demasiada. Às vezes, ela decidia que devíamos parar para deixá-lo descansar durante um dia inteiro. Passávamos a noite onde ele havia parado. Meu pai sentia que estava nos decepcionando.

Nos dias em que estava melhor, minha mãe nos incentivava a seguir adiante, com seu jeito meigo, porém insistente. No entanto, ficava dividida entre tentar apressar meu pai e minha irmã para que pudessem receber tratamento médico o mais rápido possível e a vontade de poupá-los de tanta dor no momento presente.

Outro provável motivo para que a viagem de volta tenha sido mais demorada é que tomamos uma rota diferente da ida – algo típico dos dinkas, seja no campo ou na cidade. Um dinka sempre muda o caminho quando retorna, principalmente em tempos de conflito. Você nunca sabe quem o seguiu ou está esperando que cruze seu caminho. Existem diversas pessoas más no mundo. Até hoje, quando dirijo no

Brooklyn, onde moro atualmente, ainda pego ruas diferentes todos os dias. Está arraigado.

Enfim, chegamos à área coberta de capim que margeava o rio Jur, perto da nossa casa em Wau. Fiquei tão entusiasmada que corri à frente de todos com Athieng, nossos pés sendo cortados pela grama afiada, que parecia bem mais seca e dura do que nos recordávamos. Não nos importávamos. Queríamos apenas ver a água e a margem oposta do rio, que era, para nós, nossa casa.

Corremos pela trilha que logo se transformou em um túnel de mato de 2 metros de altura, que nos açoitava à medida que corríamos, e nós, às gargalhadas, chamávamos uma pela outra. De repente, o túnel acabou e o cenário ficou vasto: havia uma extensão coberta por uma terra cinza, pedras e lama com algumas garças de pernas compridas, pisando ali e aqui. O rio estava seco. O rio traiçoeiro que havíamos cruzado meses atrás, agora que a temporada de seca tinha chegado, não passava de um filete de água. Conseguiríamos atravessá-lo facilmente. Até mesmo o meu pai. Parecia mágico.

Quando me virei para contar à minha mãe, eu os vi: três homens com roupas esfarrapadas nos encarando, portando metralhadoras Kalashnikov, estavam a menos de 10 metros de distância. O líder calçava sandálias e usava óculos espelhados de cor âmbar. Os outros estavam descalços. Fiquei paralisada. Minha irmã olhou para mim e depois viu os homens. O medo interrompeu sua respiração. Os homens nos olharam fixamente e nós fazíamos o mesmo, todos completamente estáticos.

— Quem é você, garotinha? – perguntou o líder.

Não respondi.

Fiquei apavorada. Imaginei que fossem rebeldes, mas mesmo os rebeldes matariam dinkas se precisassem de algo. Sabia que os soldados estupravam meninas. Sabia que roubavam crianças. Naquele momento, torci para que não gostassem nem um pouquinho de mim por causa de minha psoríase horrível, e por isso não quisessem nem chegar perto.

Então ouvi a voz de minha mãe a uns 30 metros dali.

— Alek, o que você está fazendo aí? Por que parou? Vamos continuar andando. Temos de chegar a Wau antes de anoitecer.

Foi quando os homens começaram a se aproximar. O pavor que senti é difícil de descrever. Teria feito xixi na calça, mas não havia tomado quase água nenhuma o dia todo. Se já não conseguia falar antes, agora então tinha ficado muda, em completo silêncio.

Eu e minha mãe sempre tivemos uma boa comunicação, mesmo que por linguagem de sinais, mas de repente não conseguia fazer nada – nem proferir uma palavra, nem mesmo me mover. Logo ela me alcançou. Seu olhar imediatamente cruzou com os olhares dos rebeldes. Eles a fitaram como se fosse uma aparição. Ela parecia tão valente! Que bom que era tão corajosa.

— Ah, entendi por que parou – minha mãe disse para mim.

Ela estava muito calma. Nada a amedrontava.

Quanto a mim, tinha a certeza de que seríamos largados apodrecendo sob o sol escaldante.

Mas ela reconheceu um dos homens. Eram dinkas, de Wau.

— Você não é Anok Deng? Conheço a sua mãe.

O líder balançou a cabeça afirmativamente. Pareceu ficar sem graça de repente.

— Minha nossa. Se sua mãe soubesse... como ela está?

— Minha mãe está bem, senhora. Está no Congo.

— Está segura?

— Acho que está, sim senhora.

— Você vai nos roubar?

— Creio que não, senhora.

Meu pai apareceu atrás da minha mãe. Sorriu para os homens. Ele também os conhecia.

Acabamos por entregar-lhes tudo que trazíamos – nosso sal, um pouco de sabão, uma panela e nossa comida –, mas como presente, não porque tivessem exigido. Esperávamos não precisar mais daquelas coisas quando chegássemos em casa. Pela aparência desses rebeldes, precisavam de tudo e qualquer coisa que conseguissem. O exército dos rebeldes estava repleto de jovens que tinham vindo do nada. O Exército de Libertação do Povo Sudanês não podia contar com um governo rico e poderoso bancando uniformes e comida. Os soldados já estavam com sorte se houvesse armas e munição. E tinham de se virar para conseguir comida.

Para falar a verdade, senti pena. Os rebeldes até carregaram o meu pai e minha irmã por sobre as partes lamacentas do rio, por onde era muito difícil caminhar. Sou muitíssimo grata a eles. Podiam ter se comportado de maneira hostil conosco; podiam ter nos matado bem ali, que era o que acontecia com tantas outras pessoas que cruzavam com soldados – fossem do exército, fossem rebeldes ou das milícias –, mas aqueles homens nos trataram como semelhantes, como seres humanos que somos. Foi uma bênção. Nunca me esquecerei da feição daqueles rapazes.

Passando o rio, chegamos à cervejaria do amigo dos meus pais. Ele havia permanecido lá durante todo o conflito, mas felizmente não tinha sofrido muito. Havia dado toda a cerveja, é claro, e depois disso ninguém mais se aproximara do lugar. Na realidade, era muito distante de Wau para ser de algum proveito. Entramos na casa dele, que tinha chão de cimento, água potável limpa e um quintal bem grande, e disse a mim mesma: "Saímos do mato". Finalmente. Ele e a esposa nos serviram um prato de *kissra* e um cozido feito com peixe seco, que estava magnífico. Fazia tanto tempo que não comia aquilo! Senti que estava no paraíso. Como escurecia, passamos a noite na casa dele.

Na manhã seguinte seguimos em direção a Wau, cheios de expectativa. Era tão emocionante a ideia de estarmos em casa de novo! Queria ouvir o rádio para saber o que estava acontecendo no mundo durante todo o tempo em que estivemos ausentes, mas, ao chegarmos aos subúrbios da cidade, descobrimos exatamente o que havia acontecido durante aquele tempo, e não era nada bom.

O primeiro conjunto de casas que encontramos tinha sido queimado. Só sobraram paredes de concreto e janelas quebradas. Na sala exposta de uma casa, havia uma fogueira acesa e um homem, sentado no chão de terra. Ele fixou o olhar inexpressivo em nós enquanto passamos. A estrada possuía trilhas profundas sulcadas na terra pelos trens de rolamento dos tanques. Em certo ponto, algumas árvores haviam sido cortadas ao meio por morteiros e agora os topos estavam envergados em direção ao solo. A delegacia de polícia estava completamente destruída; havia um buraco imenso na parede. Wau era agora um lugar vazio e assustador, e eu estava muito confusa: como poderia estar triste por estar de volta?

— Tudo está diferente agora – falou minha mãe.

Chegamos em casa e encontramos o portão quebrado. Ao olhar para o quintal, pudemos perceber que outra família havia se mudado para lá. Eu não os reconhecia.

— Vamos expulsá-los daí; eles não têm direito nenhum – disse Adaw.

Era chocante a ideia de ter outras pessoas morando na nossa casa.

— Esperem aqui, crianças – mandou minha mãe.

Ela entrou no terreno junto com meu pai e eles explicaram educadamente, mas com firmeza, que tínhamos voltado. Vi o homem ficar arrasado. Achei que fosse se enfurecer. Meu pai o chamou de lado e conversou alguma coisa em particular; trocaram um aperto de mãos. Havia algo tão poderoso na forma com que meu pai lidava com as pessoas... Era sempre educado, nunca gritava, mas tinha uma autoridade que era respeitada. A família partiu em uma hora. Depois, meu pai me contou que tinham uma casa nos limites da cidade, que havia sido parcialmente destruída. Imaginavam que tivéssemos ido para nunca mais voltar. Retornariam agora para a casa antiga.

De modo surpreendente, os mantimentos de grãos e amendoins da minha mãe, e até mesmo algumas sementes de plantas, continuavam lá, em um pote de barro imenso.

Não havia quase mais nenhum policiamento na cidade, mas também não tinha muita gente. A maior parte dos vizinhos havia ido embora, somente alguns ficaram para trás. À noite era assustador, com tanques do exército nas ruas pra cima e pra baixo e tiroteios frequentes entre as milícias e o exército. Não dava para confiar em nenhum deles.

Tentamos retomar a vida de antes, na medida do possível. Era difícil, porque o emprego do meu pai no Departamento de Educação não existia mais, já que não havia mais nenhuma escola pública funcionando. Comecei a frequentar uma escola católica, dirigida por freiras. Minha mãe achou melhor deixar as vacas na aldeia, porque ainda era muito perigoso e também porque ela queria que fôssemos todos a Cartum se possível. Mas ela plantou milho, legumes e amendoins no quintal, e verduras também, que cresceram bem rápido. Éramos bastante pobres, é verdade, mas não me sentia mal por isso. Fazíamos apenas uma refeição por dia, em geral, o que nos dava forças para seguir.

Não era uma vida boa, porque estávamos, basicamente, aprisionados. Fora a ida à escola, não tinha permissão para sair de casa, em particular à noite. Os integrantes das milícias, com a cabeça envolta em lenços, saíam na escuridão para roubar e matar. Ninguém desejava cruzar com eles. Ouvíamos barulho de tiros todas as noites.

Todos os dias minha mãe se informava se um dos nossos vizinhos – já não havia muitos a essa altura – tinha sido assassinado. Sempre sabia quando alguém morria. No Sudão, a morte provoca uma imensa tristeza nas pessoas, e elas expressam essa dor com muito choro e lamentação. As mulheres produzem um som agudo com a garganta que é de outro mundo.

Mesmo que tivesse permissão para sair de casa, não havia aonde ir. Todos os lugares que haviam oferecido atividades extraescolares já não existiam mais fazia muito tempo. Não havia nenhum esporte para se praticar. Nada, nada mesmo para se fazer. Wau estava repleta de refugiados da área rural, pessoas de aspecto estranho, lá do meio do mato. Mesmo a área da cidade onde antes viviam os ricos, com seus carros e geradores movidos a gasolina, agora estava tomada por refugiados. Apesar das pessoas, Wau parecia vazia. Era um lugar sombrio. A maior diversão, nas semanas seguintes ao nosso retorno, era pegar as pilhas que meu pai usava para o rádio e ligá-las às lâmpadas que achamos em promoção no mercado. De repente tínhamos luz. Ficávamos acordados até mais tarde. Cantávamos e conversávamos. Era muito divertido, e ficamos todos muito empolgados com o fato de termos luz assim como os ricos. Por toda minha vida tínhamos sempre usado velas e lampiões de querosene.

No entanto, meu pai continuava precisando ir embora; precisava de um hospital, e minha mãe queria que nós também deixássemos Wau para que pudéssemos frequentar escolas decentes. Meu pai e minha mãe conversavam a respeito todos os dias.

Estavam tão determinados que tinham certeza de que conseguiríamos chegar a Cartum. Apesar de toda a dificuldade, sabiam que, se houvesse uma chance, nós não a deixaríamos passar. Minha mãe e meu pai sempre me passaram essa certeza.

Não havia ônibus nem trem e ninguém tinha carro. Mas, mesmo que houvesse, ir por terra estava fora de questão. O caminho estava cheio de minas terrestres e várias pontes tinham sido demolidas. Combatentes, alguns ainda crianças, bloqueavam as estradas em alguns pontos e atiravam em quem não desse o que queriam.

Também não era possível ir andando a Cartum – o Sudão é o maior país da África. Levaríamos meses passando por territórios perigosos.

O único jeito era ir de avião. Arquitetamos um plano: todas as companhias aéreas já tinham deixado de pousar em Wau há muito tempo, mas havia os aviões militares. Mais de uma vez por semana um avião de carga C-51 gigante chegava com mantimentos para o exército. Era possível pegar o voo de volta a Cartum se os soldados estivessem de bom humor ou se você tivesse uma propina generosa.

Os militares controlavam o aeroporto, que ficava no subúrbio da cidade, a cerca de 30 minutos a pé da minha casa. Se estivesse na escola e ouvisse um avião se aproximando, saía em disparada. Corríamos ao aeroporto o mais rápido que podíamos, na velocidade que as condições de minha irmã e de meu pai permitiam. Tentávamos colocá-los a bordo do primeiro avião disponível, esperando que conseguíssemos embarcar também o mais rápido possível.

Toda vez que ouvíamos o som do C-51 no céu, minha mãe reunia todos nós, juntava algumas roupas e saíamos andando para o aeroporto, na esperança de conseguirmos escapar. Um mato alto margeava a estrada enlameada, e o ar estava tão seco que chegava a sufocar, o que me punha ainda mais desesperada. No aeroporto havia soldados uniformizados, com suas boinas inclinadas e olhos vermelhos e inquietos. Ficávamos em pé no hangar, junto com outras centenas de pessoas, e ninguém, nem mesmo os soldados, parecia saber o que estava acontecendo. Descobríamos que não havíamos conseguido pegar o voo apenas quando o avião deixava a pista sem nós.

Eu odiava os soldados, mas, como eram os mesmos homens que davam tiros toda noite na cidade, agíamos com respeito perante eles, para nossa própria segurança. Se você reclamasse, ficavam irritados e começavam a girar as armas nas mãos. Gostavam de ver as pessoas implorarem – fazia com que se sentissem fortes.

Foi uma grande surpresa quando enfim demonstraram um pouco de boa vontade.

O quadril do meu pai estava tão ruim que qualquer um conseguia ver com que tamanho desespero ele precisava de ajuda. A perna infeccionada da minha irmã estava ficando preta. Ela não conseguia dormir bem e andar era um martírio. Não havia ninguém em Wau para tratar deles.

Na terceira jornada ao aeroporto, minha mãe implorou aos guardas que colocassem meu pai em um voo. Ela apontou para o quadril dele. Chamou minha irmã Adaw e mostrou que a perna dela estava infeccionada. Ela de fato implorou. Por fim, os guardas disseram:

— Muito bem, eles podem ir. O resto de vocês fica.

Quando decolaram, restavam cinco crianças na nossa família. Minha irmã mais velha, Ajok, tinha se casado com um dinka e os dois haviam ido para Londres, onde ele estudava arquitetura. Haviam falado em voltar com os filhos, mas meus pais disseram que a guerra estava dura demais e que o futuro da família dependia da permanência deles na Inglaterra, onde poderiam ganhar dinheiro para nos ajudar e a requerer *status* de refugiados, se possível. Meu irmão mais velho estava estudando em Juba. Minha mãe pediu que não voltasse nunca mais para Wau. Jamais. Nós mesmos pensávamos em fugir. Não havia nada lá para nós. Não tínhamos pai. Não tínhamos dinheiro. E nenhuma ideia do que o futuro nos guardava. Fomos para casa e choramos. Foi uma das poucas vezes que vi minha mãe chorar.

•

Alguns dias depois, ouvi outro avião. Voltamos ao aeroporto, mas eles não nos deixaram embarcar. E o mesmo aconteceu na vez seguinte. Mandaram-nos embora diversas vezes porque não havia assentos suficientes. Ainda éramos o exército Wek – de jeito nenhum conseguiríamos todos entrar em um voo. Até que um dia, no caminho para lá, virei-me para minha mãe e falei:

— Vou embora hoje, de qualquer jeito. Mesmo que a gente tenha de se separar.

Estava então com 12 anos.

Por um momento minha mãe me olhou como se eu estivesse louca, mas percebi que havia acreditado em mim. Algo lhe avisava que devia me levar a sério.

No aeroporto, repetiu-se a mesma cena de sempre. Soldados antipáticos. Centenas de pessoas esperando para embarcar. Uma fila de pessoas que, sabe-se lá por que motivos – propinas? contatos? –, estavam autorizadas a entrar no avião. Naquela tarde, como em todas as outras, parecia que não embarcaríamos. Queria ter dinheiro para suborná-los. Enquanto tentávamos desesperadamente persuadir os soldados, identifiquei um vizinho nosso na fila, pronto para entrar no avião. Eu o conhecia pouquíssimo, não sabia nada dele. Podia ser um pedófilo.

Tomei uma decisão. Sem dizer uma palavra, afastei--me de minha mãe e andei até o homem. Ele era praticamente um estranho, mas ainda assim eu disse aos guardas que era meu pai. E, para minha surpresa, ele anuiu com a cabeça. Iria embora!

Minha mãe me olhou com uma dor enorme nos olhos, mas entendeu. Naquele momento ela teve a confirmação de que poderia me levar a sério. Senti medo, mas me senti muito, muito forte. Iria ajudar meu pai. Com menos uma no exército dos Wek, seria mais fácil os outros conseguirem embarcar.

Minha mãe não conseguia falar, temendo revelar aos soldados que eu era uma impostora, então ficou em silêncio. Mas sua expressão dizia-me tudo: “Eu te amo, estou orgulhosa de você. Cuide-se”.

Quando a fila começou a andar, ela sussurrou para o meu novo “pai” em dialeto dinka:

— Leve-a para a minha família em Cartum.

Deu-lhe o endereço da minha tia. Ela não sabia o endereço da casa do meu tio, onde meu pai estava hospedado.

O homem fez que sim. Mas quem poderia ter certeza? E se ele me vendesse? E se me pegasse como uma de suas esposas? E se nunca mais visse minha mãe de novo?

Quando a fila se aproximava do avião, dei uma olhada para a minha mãe e sorri. Minha expressão deve ter me entregado, porque de repente um soldado entrou na minha frente.

— Quem é você? – indagou. — O que está fazendo aqui?

Fingi estar ofendida. Agi o mais firmemente que pude.

— Aquele ali é meu pai – falei, apontando para o meu vizinho.

Meu vizinho manteve a calma e apenas balançou a cabeça concordando.

— Vamos, menina – disse ele. — Fique perto de mim.

Estava com 12 anos, sozinha no mundo, fugindo de uma guerra com apenas a roupa do corpo. Quando estávamos entrando no avião, virei-me para olhar minha mãe de novo. Seus olhos estavam encharcados de lágrimas de tristeza. Quis chorar também, mas não o fiz.

Subimos os degraus de metal e entramos no avião de carga. O avião enorme e velho era usado para transportar mantimentos para as bases militares pelo país e não tinha conforto algum. Mas possuía hélices, e tudo que eu precisava era ser levantada e carregada sobre o vasto deserto para junto de meu pai, em Cartum. Sentei-me junto ao meu "pai" em uma tábua de madeira e descobri como me amarrar. Havia um paraquedas sob o banco, mas duvido que se prendesse a uma criança magricela como eu se tivesse de recorrer a ele. Assim que o avião começou a taxiar pela pista, o piloto desligou todas as luzes, para que não fôssemos atingidos por mísseis da terra. Voamos em escuridão total por três horas. Os outros passageiros estavam em absoluto silêncio. Parecíamos estar em um velório. Enfim aterrissamos em Cartum.

Meus pais, Mayen, Ajok, Wek e Athian.

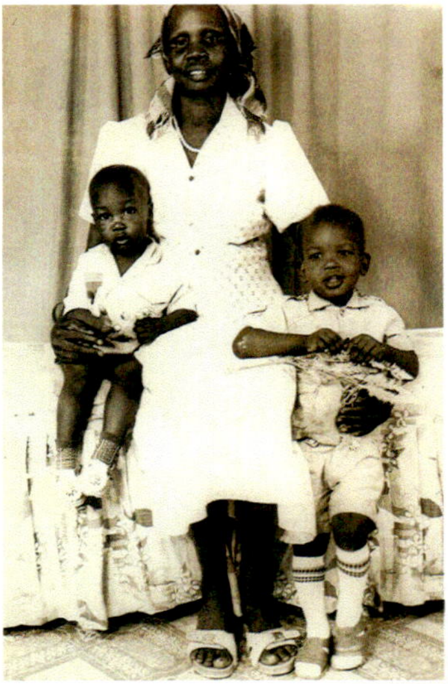

Meu irmão Deng e meu sobrinho Lual nasceram no mesmo ano. Esta é minha mãe posando com o neto à esquerda e o filho à direita.

Meu irmão Athian tirou esta foto em um estúdio em Wau, no início dos anos 1980.

Minha irmã Ajok e o marido Anik, no casamento deles. Igreja de Wau, 1982.

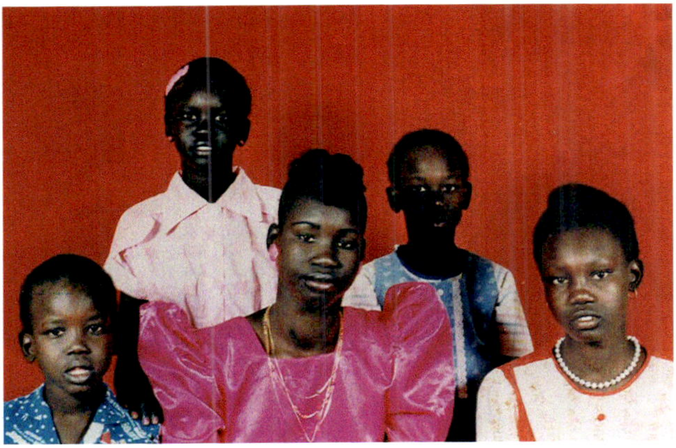

Pouco tempo antes da morte do meu pai em 1988, Deng, Adaw, Athieng, Aduol e eu posamos para esta foto em um estúdio fotográfico.

No sofá da casa de minha irmã em Londres, no início da década de 1990: eu, Ajok, meus sobrinhos Awood, Tong e Lual, Deng e Athieng.

Nesta foto, então com 16 anos, eu havia acabado de me formar no segundo grau e usava meu melhor traje jeans nesse parquinho em Kilburn, perto da casa de minha irmã.

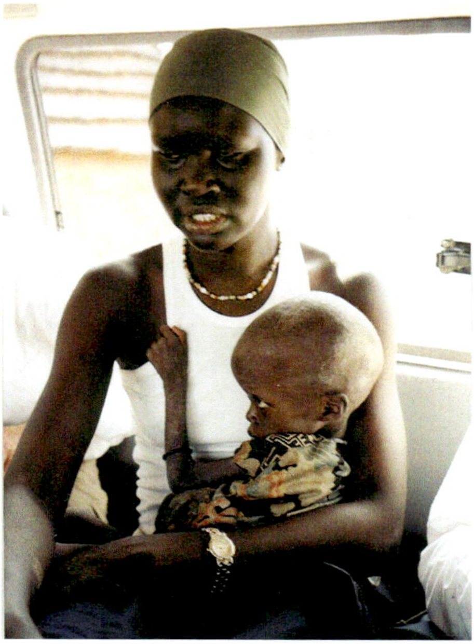

A mãe desta criança a entregou para mim e a levamos para um centro de nutrição em Tonj, onde médicos e outras pessoas salvaram a sua vida. Já tinha visto sofrimento antes, mas nunca tantas crianças à beira da morte devido à desnutrição. Foi um choque. Foi então que percebi o preço que o meu país teve de pagar pela guerra.

Estas quatro mulheres ao meu redor são casadas com meus tios.

Aqui estou eu com algumas das mulheres de meu primo, meus avós e Amel, a mulher que criou minha mãe depois que minha avó morreu, quando ainda era pequena.

Estas mulheres trabalhavam no centro de nutrição em Tonj, que era administrado pelos Médicos sem Fronteiras. A maioria delas é dinka, como eu.

Minha primeira agente, Mora, e eu na fronteira entre o Sudão e o Quênia, em 1998.

Minha mãe no sofá do seu apartamento em Londres, em 2003.

Pouco tempo após ter comprado minha casa no Brooklyn, voltei a pintar. Este retrato do meu falecido pai, Athian Wek, pintado de memória, foi um dos primeiros quadros que terminei em 2000.

Um amigo me deu esta máquina de costura, que usei para fazer os primeiros exemplares das minhas bolsas, na sala da minha casa no Brooklyn.

Estou com uma de minhas criações da coleção de bolsas, a Wek 1933.
(© *Warwick Saint*)

No *backstage* com Giorgio Armani, no desfile da sua coleção primavera-verão 2005.
(© Dimitrios Kambouris/Giorgio Armani/WireImage.com)

Vestindo uma peça de Diane von Furstenberg, da coleção de outono 2007.
(© Randy Brooke/WireImage.com)

Capítulo 6

Meu pai de mentira me levou escada abaixo até a pista, onde o calor me atingiu como se fosse uma parede. No aeroporto, a esposa do homem e os três filhos ficaram chocados quando nos viram chegando juntos.

— E essa menina...? – a mulher dele perguntou.

— Não se preocupe com ela.

As crianças me olharam com raiva.

— Vocês não se lembram da Alek? Ela morava na nossa rua em Wau.

Então todos relaxaram.

Ao andar pelo aeroporto, fiquei fascinada – todos aqueles móveis estofados, as luzes e as pessoas usando roupas boas. Apesar de ter deixado a minha família, era uma sensação boa a de estar ali.

Seguimos de carro em uma estrada movimentada por alguns quilômetros, mais para dentro da cidade, onde me deixaram na casa da minha tia.

— Alek? Não acredito! – disse ela ao abrir a porta. Ninguém fazia a menor ideia da minha chegada.

Ela morava com o marido e os dois filhos em uma casa de dois andares, com paredes pintadas e muita mobília. Tinham até mesmo uma televisão, algo que só havia visto algumas vezes na vida. Como era tarde, ela me disse para passar a noite lá. Quase não dormi a noite toda, pois estava com saudades da minha mãe e muito animada com a ideia de rever meu pai em breve.

De manhã, meu irmão Wek veio me buscar. Não via Wek havia muito tempo. Ele estava mais alto do que me recordava, mas logo me senti em casa com ele. Sob a luz do dia, o bairro da minha tia era árido e sujo, com casas de tijolo alinhadas sobre ruas sem calçamento. Quase levei um banho com um balde de água que uma mulher jogou na rua após lavar a louça.

Pegamos um ônibus em uma rua cheia de carroças e pessoas, carros e ônibus, e descemos em um terminal no centro da cidade. Tudo em Cartum era enorme. Os prédios tinham todos dois ou três andares, portões de metal pintados em tons de azul e turquesa, e janelas com cortinas. Não me lembrava de já ter visto tanta gente em um só lugar. A maioria dos homens usava longas túnicas brancas e sandálias, e as mulheres usavam bustiês, um pedaço de pano largo de 3 metros de comprimento – de cores vibrantes ou apenas branco liso – que amarravam nos torsos e sobre as cabeças.

Esperamos no terminal sob um calor tremendo, meus olhos absorvendo tudo. Um aroma delicioso tomou conta do meu olfato e, ao me virar, vi que um homem havia estendido um pano listrado no concreto e virava cestos com pães fresquinhos sobre ele. Perto dali, um comerciante vendia pedaços de melancia respingados com suco de limão. Um homem que usava um paletó marrom sobre uma camiseta, com grandes contas vermelhas e brancas contra o pescoço escuro, baforava o seu cachimbo, cujo tubo media quase 1 metro, e a fumaça encobria o rosto enrugado.

— Você quer uma Coca-Cola? – perguntou meu irmão.

— Quero – respondi, tentando parecer indiferente. Conhecia a marca Coca-Cola; desde criança vira a marca num lugar ou noutro, mas nunca havia provado. Ele comprou duas garrafas e me deu uma. A sensação daquela garrafa supergelada na minha mão, naquele tremendo calor, foi maravilhosa. As bolhas fizeram cócegas em meus lábios quando virei a garrafa para tomar um gole. Tinha um gosto tão agradável! Mas as bolhas... como iria fazer para engolir as bolhas? Eu me engasguei e a Coca-Cola saiu pelo nariz.

— Aconteceu o mesmo comigo na minha primeira vez – meu irmão contou.

Bebi o resto da garrafa com bastante cuidado.

Um ônibus velho, de cores vibrantes, encostou. Abrimos caminho no meio da multidão que se aglomerava para embarcar e conseguimos assentos vagos. Ficamos no ônibus por meia hora, passando, quarteirão após quarteirão, por prédios sujos, pintados de branco; eventualmente uma palmeira ou um arbusto alto qualquer subia além dos muros.

— Só para avisar, papai não está bem – disse meu irmão.

Meu coração ficou apertado. Tinha imaginado que meu pai estivesse curado, andando bem e capaz de me pegar no colo e me levantar acima da sua cabeça.

Descemos do ônibus e andamos por uma rua de terra até a casa do nosso tio, Deng Tawnch. Meu irmão deu uma batida no portão de metal, fazendo um barulho para anunciar que estávamos chegando, antes de abri-lo. A esposa do meu tio estava no quintal. Bem, uma delas – ele tinha três. Ela me levou para dentro da casa para ver meu pai, que estava deitado em uma cama de campanha na sala.

— Minha querida – disse ele, levantando para me dar um abraço.

Fiquei angustiada ao vê-lo tão mal, mas ele estava contente em me ver e meu tio estava cuidando bem dele. Como tinha três esposas e mais de 12 filhos, a casa de três cômodos estava superlotada, mas possuía uma boa atmosfera. É comum no Sudão os homens terem várias esposas, e pelo menos as do meu tio tinham um bom relacionamento. Uma delas cuidava principalmente da comida. Outra arrumava a casa. E a terceira ficava encarregada das compras.

Meu tio havia tentado usar seus contatos para que meu pai fosse tratado por um bom cirurgião, mas não tinha conseguido nada. Todos queriam mais dinheiro do que possuíamos para fazer as cirurgias necessárias, por isso meu pai padecia. Meu tio marcou diversas consultas em dermatologistas para mim, devido à psoríase, que parecia piorar cada vez mais. Nenhum deles apareceu com uma nova ideia. Só os mesmos cremes que os médicos alemães tinham usado em mim, que eram caros e não surtiam efeito duradouro. Então, com o meu pai doente e sem mais consultas médicas, eu passava a maior parte do tempo sentada em casa. Sentia-me segura lá, sem pensar em armas nem soldados.

Sentia uma saudade enorme da minha mãe, dos meus irmãos e irmãs. De vez em quando, recebíamos uma mensagem da minha mãe: as coisas estão difíceis; ainda estamos tentando pegar um voo para sair daqui; não voltem para cá de jeito nenhum.

•

Sempre que possível, acompanhava meu irmão ou outro adulto quando tinham de ir à cidade. A cidade propriamente dita possuía cerca de 1 milhão de habitantes, mas, contando com Omdurman e Bahri (onde fomos morar depois), aonde se chegava através de pontes que cruzavam o rio Nilo Branco e o Azul, a área metropolitana tinha em torno de 4 milhões de habitantes. Muitos refugiados haviam vindo da Etiópia, Chade e outros lugares da África durante a década de 1970 e 1980, e, depois, quando a nossa guerra civil eclodiu de novo, pessoas de todas as tribos do Sul migraram para Cartum. A cidade era definitivamente árabe, com um governo muçulmano sunita, mas também um lugar cosmopolita com diversos tipos de pessoas.

Entretanto, mesmo com apenas 12 anos de idade, conseguia sentir o preconceito dos árabes muçulmanos em Cartum. Falava árabe com um forte sotaque, já que dinka era a minha primeira língua e a que falávamos em casa. Porém, minha formação acadêmica havia sido em árabe, pois era imposto pelo governo, o que me permitia comunicar-me bem na língua, embora as palavras que usava me marcassem como uma verdadeira menina do interior. Era impossível não notar o peso dos olhares quando passava pela rua.

As edificações mais bonitas da cidade eram mesquitas, com seus minaretes elevando-se sobre as demais construções. Havia uma mesquita pequena, perto da casa do meu tio, que eu adorava. Era um prédio atarracado, pintado de verde-menta, com pequenos triângulos brancos na altura do telhado. Um minarete marrom que lembrava um grande cone de casquinha de sorvete erguia-se sobre o telhado, envolto em uma faixa branca que, a meu ver, parecia de açúcar.

Cinco vezes ao dia os muezins subiam ao topo dos minaretes e em voz tremida e suplicante recitavam o *azan*, conclamando os fiéis para a *fard salah*, oração obrigatória que devia ser feita em árabe:

Alá é grande, Alá é grande
Eu testemunho que não há nenhum Deus senão Alá
Eu testemunho que Maomé é o Profeta
Vem para a oração, vem para a oração
Vem para o triunfo, vem para o triunfo
Alá é grande, Alá é grande

Os homens então corriam às mesquitas para as orações, ou rezavam sobre os tapetes de orações nas calçadas ou no mercado. Era bonito ver esse nível de devoção a Deus. Lembro-me de que em uma tarde modorrenta eu e meu irmão passamos por uma reunião de muçulmanos sufistas místicos que dançavam e rezavam em uma praça na parte velha de Cartum. Um deles, um homem vestido com trapos de pano muito coloridos, separou-se dos outros e começou a girar, os pedaços da roupa esvoaçando como se fossem fitas enquanto ele rodava e rodava.

Alguns aspectos do mundo muçulmano eu não conseguia aceitar. Por exemplo, a xariá em muitos casos parecia exagerada. Tinha um menino de 16 anos que estava regularmente em uma esquina perto da casa da minha tia. Seu braço esquerdo e a perna direita terminavam em cotocos inúteis, e ele ficava lá sentado, balançando-os, pedindo moedas, apesar de nunca ter visto ninguém lhe dar nada. Minha tia me contou que ele havia sido flagrado roubando uma lojinha e, em conformidade com a interpretação atual da xariá, punido com a amputação de uma mão e de um pé, de lados opostos.

O país estava gradualmente se tornando islâmico. A Frente Islâmica Nacional havia começado a impor às crianças que aprendessem cânticos radicais na escola; a polícia começou a exigir que as mulheres usassem véus. Jovens casais não podiam andar de mãos dadas pelas ruas. Uma menina que usasse saia poderia ser chamada de prostituta por estranhos. As pessoas eram presas e torturadas por carcereiros que haviam sido treinados pela Guarda Revolucionária Iraniana. O Sudão, que já tinha sido uma região tolerante, com o sufismo pacífico como forma predominante do islamismo, havia se tornado um lugar dominado pela intransigência, onde jovens ladrões eram mutilados. Sob determinada perspectiva eu detestava a cidade, mas morar lá era melhor do que levar um tiro em Wau ou ter um inseto no meu ouvido na aldeia.

• • •

Depois de três meses, o restante da família chegou. Meu tio Deng – que não era tecnicamente meu tio, mas uma espécie de primo de segundo grau a quem chamávamos de tio – foi muito generoso conosco.

— Ei, você se importa se a minha mulher e seis dos meus filhos se juntarem a nós na sua casa de três cômodos? – meu pai lhe perguntara.

Foi estressante. Meu tio Deng, suas três esposas e os filhos dormiam nos dois quartos. O exército Wek ficou com a sala, o que, para nós, estava ótimo, considerando que não tínhamos outro lugar para ir. Colocamos colchões finos no chão e dormíamos todos juntos lá. Uma pessoa subia em cima de outra, que não gostava nada da forma como a pessoa do outro lado se mexia ou falava enquanto dormia. E o espaço era bem limitado, portanto era reclamação para todo lado. No fim, sempre dávamos um jeito, toda noite.

Na casa do meu tio, os homens e as mulheres sempre faziam as refeições separadamente. É óbvio que os homens ficavam com mais comida. Não estava acostumada a isso, porque a minha família sempre comia toda junta, e a princípio fiquei incomodada. Depois de um tempo, comecei a gostar. Quando só tem mulher reunida, você pode falar sobre assuntos de mulher que sabe que os homens não iam querer ouvir.

Não importa o quanto nos esforçássemos para ser úteis e colaborar com a comida e a limpeza. Ainda assim, não dava para fingir que não éramos cerca de vinte pessoas em uma casa de três cômodos, com duas varandas e só um banheiro. Fico impressionada por eles terem nos convidado para ficar lá. É de fato uma prova da gentileza do meu tio e da generosidade dos dinkas em geral. Sem a ajuda deles, nunca teríamos conseguido nos instalar em Cartum, e a infecção na perna da minha irmã provavelmente nunca teria sido curada. Mas, no final das contas, era demais para a família do meu tio aguentar. As esposas começaram a brigar umas com as outras, o que não tinha visto acontecer antes de minha família chegar. Uma das esposas era de outra tribo, e as outras duas a repreendiam constantemente por não ser dinka e não fazer as coisas como os dinkas faziam. Minha mãe nos dizia:

— Não se intrometam.

Sabíamos que tínhamos de sair de lá o quanto antes. Nem meu pai nem minha mãe tinham emprego, mas a minha irmã na Inglaterra trabalhava em vários. Ela começou a nos enviar 100 libras, ou algo parecido, todo mês. Como não havia correio e não podíamos confiar que os bancos fossem nos dar dinheiro algum que ela depositasse, ela mandava uma carta com dinheiro por *courier*, que era o serviço usado por um dos hotéis de luxo de Cartum. Tínhamos um amigo lá em quem podíamos confiar. Era como um filme de James Bond. Pegávamos um ônibus para o hotel, lá o encontrávamos clandestinamente e ele nos dava o dinheiro.

Quando juntamos uma boa quantia, passamos a procurar todo dia uma casa com cuja despesa pudéssemos arcar, o que era difícil, pois o custo de vida em Cartum era bem mais alto que em Wau. Sabíamos que, se não encontrássemos uma casa, acabaríamos nos campos de refugiados, que ficavam em lugares distantes, e viver em uma daquelas tendas não era brincadeira. Fui até lá uma vez com a minha mãe visitar alguns parentes distantes dela que haviam se instalado no acampamento. Andamos pelo deserto do Saara por meia hora ou coisa assim até chegarmos a um grande terreno infértil, onde o governo tinha acomodado os refugiados sem dinheiro algum. Nenhuma planta crescia naquele solo. A água era escassa. Não havia banheiros. Alguns tinham tendas, mas a maioria das pessoas vivia em barracos feitos de pedaços de pau, forro de plástico e pano. Os parentes dela estavam, de certa maneira, em boa situação: tinham algumas tendas e procuravam um jeito de sair dali. Mas mais pessoas continuavam chegando. O acampamento só fazia aumentar.

Fomos embora no fim da tarde. O céu estava claro. Em poucos minutos, começou uma ventania.

— Oh, meu Deus, o *haboob* – disse minha mãe.

Os *haboobs* são tempestades de vento que levantam grandes quantidades de terra vermelha e bloqueiam a luz do sol. Podem ocorrer em qualquer época do ano, mas são mais frequentes no inverno. Esse se aproximava bem rápido de nós.

— Rápido, Alek, para trás daquela pedra.

Corremos para uma rocha e ficamos agachadas debaixo de uma protuberância. O *haboob* chegou com um som estridente. Não conseguia ver as minhas mãos ainda que estivessem bem à minha frente. O pó tomou meus olhos e ouvidos. Havia areia nos meus dentes. Ficamos ali abaixadas por uma hora, até que a tempestade passasse, depois fomos andando para casa, vermelhas de terra. Parecia que estávamos usando maquiagem. Quando chegamos em casa, tinha terra na água, nas camas. Terra vermelha em todos os lugares. Pensei nos refugiados e nas suas tendas frágeis, e me preocupei que pudéssemos parar lá.

Mas encontramos uma casa de dois cômodos nos limites da cidade.

A casa nova tinha um muro que a separava da rua. O fornecimento de eletricidade era intermitente, mas possibilitava ligarmos luzes e o rádio. Como não tínhamos quase nada, não foi difícil fazer a mudança. Compramos um fogão à base de carvão, algumas panelas e uma jarra de cerâmica para manter a água fresca nos dias que fazia mais de 40 graus.

Havia dois cômodos grandes para dormirmos: um para os meninos e outro para as meninas. Tínhamos colchões de algodão, que eram um luxo e tanto. Nunca havia dormido em uma cama assim antes – em Wau sempre usávamos camas de corda trançada. Minha irmã nos mandara lençóis lindos de Londres, por isso tínhamos a sensação de viver com luxo, apesar do chão de terra batida.

Havia um banheiro com uma fossa e água encanada, o que era novidade para mim. Curiosamente não havia um escoadouro para a água. Havia, sim, uma caixa de detritos. Quando você tomava banho, a água escoava para dentro dessa caixa, que retinha o equivalente à água de três banhos. Quando a caixa estava cheia, despejávamos o conteúdo, espalhando-o bem pela rua para que a camada de água ficasse fina. Por alguma razão, o solo de Cartum não absorvia água muito bem, então, se você derramasse a água toda em um lugar só, formavam-se poças e para evaporar levava uma eternidade. Espalhávamos a água na rua, pois, com pouco acúmulo de água em um ponto, ela evaporava com rapidez sob o sol. Algumas pessoas na rua não se davam a esse trabalho, e com frequência havia uma poça de água cheia de sabão e sujeira na frente da casa delas. Minha mãe não tolerava o jeito como viviam.

Um dia, estávamos indo para casa quando um carro passou por cima de uma poça e respingou aquela água nojenta em nós.

— Tenho de voltar para Wau – comentou minha mãe.

Manter a ordem era uma obstinação para ela, ordem essa que parecia impossível encontrar do lado de fora de nossa casa, na qual as crianças tinham tarefas domésticas. Varríamos, lavávamos, limpávamos o quintal, enchíamos o balde, lavávamos nossa roupa à mão e pendurávamos no varal. Todo fim de semana era trabalho, trabalho, trabalho. Mas sempre tínhamos roupa limpa. Para minha mãe, desordem era sinal de preguiça.

— Como as pessoas devem se sentir sendo desorganizadas assim? – dizia ela.

•

Cartum é um lugar desconfortável. Para tornar sua vida decente, só por meio de muita luta. Para começar, é um lugar tão quente que, com frequência, levávamos nossas camas para fora de casa para conseguir dormir. Do nosso quintal conseguíamos ver a casa do vizinho, que mais parecia um palácio. Tinha janelas grandes e dava para ver o lindo piso de azulejos, que era coberto por tapetes trabalhados. Dos cômodos vinha o som da televisão. Ligavam o ar-condicionado nas noites quentes. Nunca havia estado tão próxima de tamanha riqueza. Não que tenha chegado a conhecê-los – eles nunca falaram conosco. Deitava na minha cama ao ar livre na noite abafada, ouvia o barulho do ar-condicionado e olhava as estrelas enquanto o suor pingava do meu queixo. Fazia tanto calor em Cartum que as plantas não sobreviviam, exceto às margens do rio, onde sempre tem uma faixa larga de grama verde e árvores que fazem sombra, mas o rio ficava distante da nossa casa. Uma vez, para testar a intensidade do calor, abrimos um ovo em cima de uma pedra no terraço – ele fritou na hora. Nós o comemos depois.

Apesar de estarmos longe da guerra, vivíamos sempre com medo da morte. Certo dia, acordei com calafrios. Minha mãe tentou fazer com que bebesse um pouco de chá e comesse pão, mas recusei. Depois comecei a vomitar. Continuei até vomitar bile. Era malária de novo. Não tenho como saber se foi um novo surto ou uma recorrência da outra vez, o fato é que aconteceu várias vezes. Havia doença por toda parte. Nossos vizinhos tiveram febre tifoide. Alguém do outro lado da rua morreu de difteria. Vacina era coisa rara. A morte era uma realidade que víamos diariamente. Estava sempre por perto.

Meu pai, por exemplo, estava morrendo, embora nenhum de nós conseguisse admitir. Havia tido um derrame. Tinha caído. Estava com o lado esquerdo do corpo paralisado e, além do quadril, agora havia quebrado também o ombro esquerdo. Foi ficando cada vez mais fraco, até que passou a permanecer dentro do quarto dia e noite, porque se movimentar era doloroso demais. Não tínhamos o dinheiro necessário para que se tratasse em Cartum. Embora nunca tenha dito, estava completamente infeliz. Todos nós passávamos muito tempo tentando animá-lo.

Tivemos a ideia, para melhorar a vida dele, de improvisar um carpete no seu quarto, que era também onde os meninos dormiam. O piso de terra era deplorável. Inevitavelmente, os pés e as roupas ficavam sujos. Dormir às vezes era um pesadelo empoeirado. Um dia minha mãe encontrou um poço recém-cavado não muito longe. Os trabalhadores haviam tirado solo arenoso enquanto cavavam à procura de água e deixaram a areia limpa em uma pilha. Minha mãe mandou o seu exército Wek até lá, com todos os recipientes que tínhamos, para trazer a areia para casa. Espalhamos a areia pelo chão do quarto para fazer um carpete limpo. Aquela ideia simples da minha mãe melhorou imensamente nossas vidas. Depois disso, era um prazer sentar no piso de areia para conversar com meu pai. Apesar da doença dele, sentíamo-nos a salvo da guerra.

Sempre me compadeço dos pobres, porque sei como é ser pobre. A vida é imposta a você. A sensação é de não haver saída. Nem sempre você tem comida. Não pode comprar roupas. Não sai. A pior parte é não ter dinheiro para cuidar da saúde. Não há como ir a médicos. Você sabe que está doente, e que vai morrer, mas não pode fazer nada a respeito. Foi isso que aconteceu com meu pai. Ele morreu de pobreza.

Partiu meu coração ouvir minha mãe e meu pai conversando sobre o que podiam – ou não – fazer para ele melhorar. Minha irmã queria que ele fosse para a Inglaterra para se tratar, mas ele não conseguia um visto. Teria sobrevivido se tivesse ido para lá, mas era preciso provar que meu pai, como adulto que era, poderia cuidar de si mesmo. Ele não podia. Lembro-me de rezar para alguém nos ajudar, mas Cartum tinha milhões de pessoas que precisavam de ajuda. Éramos apenas uma família entre muitas.

Era horrível vê-lo sofrer. Ficava na cabeceira da cama e conversava com ele sobre o meu dia na escola, sobre a comida que estávamos fazendo. Colocava um pano molhado na cabeça dele e o passava também sobre seus lábios. Os olhos dele mantiveram o brilho, mesmo no fim, e ele me olhava com tanto amor! Nunca reclamou, nem uma única vez. Lembro-me dele sorrindo para mim. Meu pai morreu na cama, com mais ou menos 56 anos de idade. Ninguém sabia exatamente quando ele havia nascido, mas era um homem jovem. Athian Wek, meu pai. Minha mãe estava a seu lado quando ele faleceu. As crianças eram proibidas de ir aos funerais, mas, curiosa como era, entrei sem que percebessem e o vi lá deitado, em paz, e minha mãe sentada ao lado. Quando me descobriram, enxotaram-me para outra casa. Minha mãe usou roupas brancas por quarenta dias, porque é isso que uma mulher dinka faz quando o marido morre. Depois ela segue a vida dela. Eis uma coisa que aprendi com a minha mãe: lembre-se, mas siga em frente.

•

Depois que meu pai morreu, continuamos na casa em Cartum. Nossa cozinha era um cômodo mal-ajambrado nos fundos da casa, com alguns pratos e umas cinco panelas. Como não havia geladeira, tínhamos um recipiente grande de barro onde podíamos colocar comida, para mantê-la relativamente fresca. Havia também uma jarra de barro para a água, que ficava no canto, com um copo de latão sempre por perto, sobre um prato. Quando estava com muito calor, entrava naquela cozinha escura, onde sentia um enorme prazer em mergulhar o copo dentro da água e tomar uma golada refrescante.

Todas as meninas ajudavam com a comida. Cozinhávamos *kissra*, beringela com pasta de amendoim; grelhávamos carnes sobre um braseiro de carvão e lavávamos a louça em uma tina. Havia uma mesa, à qual podíamos nos sentar para comer. Todo mundo no bairro cultivava alimentos, como quiabo, rúcula e tomate, porque ninguém dispunha de muito dinheiro para gastar. Quando fazíamos compras, era somente na feira, na qual diferentes vendedores armavam bancas onde expunham carnes e produtos agrícolas. Havia lojinhas no bairro que vendiam bebidas geladas e outras coisinhas, mas raramente podíamos pagar por elas.

Um dos meus pratos prediletos era salada de pasta de amendoim. Cortava algumas cebolas e tomates, e misturava-os com rúcula, para fazer uma salada encorpada. Às vezes adicionava também pimentões verdes picados em pedacinhos. Depois acrescentava sal, óleo vegetal e também sumo de limão espremido na hora, e juntava algumas colheradas de pasta de amendoins moídos também na hora. Cortava uma baguete ao meio e a recheava com a salada. Isso dava um jantar e tanto, principalmente se coberto com molho apimentado.

Não tomávamos café da manhã, e em geral comia um cozido de feijão na escola, mas sempre jantávamos juntos, em família, o que me deixava feliz. No jantar, às vezes havia quiabo e cozido de carne seca, ou sopa de lentilha, ou ainda, com muita sorte, frango, ou arroz, que era ainda mais caro do que farinha. Tínhamos ótimas conversas do lado de fora, no quintal; dávamos risada e continuamos levando a vida. O quintal era bem sem graça, com chão de terra e muros de blocos de cimento, então juntamos embalagens de óleo usadas, pintamos todas elas com cores vibrantes e plantamos dentro lindas flores vermelhas, brancas e roxas. Era preciso molhá-las ao menos uma vez por dia para que resistissem ao calor de Cartum.

Minha mãe era bem rigorosa em relação às companhias e aos lugares que frequentávamos. Muitas vezes, à tarde, íamos para a casa de colegas e assistíamos a um programa egípcio de comédia na televisão. Mas em Cartum só havia programas na televisão de cinco da tarde às nove da noite – as opções eram bem limitadas. Às sextas-feiras, o dia de devoção e descanso para os muçulmanos, a televisão só transmitia orações em árabe. Às vezes, passava o tempo fazendo lições da escola ou lendo revistas, mas o que gostava mesmo de fazer era me reunir com as minhas irmãs no quintal para inventarmos novas letras para as músicas que aprendíamos na escola. Também jogávamos queimada. Mas em geral a vida em Cartum era bem sem graça.

Tinha uma amiga bem próxima. Era uma garota árabe que morava por perto. Minha mãe não se incomodava que eu fosse à casa dela. Passávamos muito tempo juntas. Ela me ensinava a escrever melhor em árabe e nos tornamos parte da família uma da outra. A mãe dela sempre nos oferecia bebidas saborosas. Gostava de ir à sua casa. Então, certo dia, bati à porta e a mãe dela respondeu. Pedi para ver minha amiga.

— Ela não pode vir – respondeu a mãe dela. Parecia estar muito nervosa.

— Por quê?

— Está doente.

Algo no rosto da mãe dela me fez temer pela minha amiga. Sabia que algo estava errado. Desejava vê-la, mas não queria faltar com o respeito. "Mas que estranho", pensei. Ela estava tão saudável no dia anterior.

— O que aconteceu? – perguntei.

A mãe dela não respondeu. Fiquei muito assustada.

— Quero vê-la.

A mãe dela balançou a cabeça negativamente.

— Por favor, só por um momento...

A mãe dela inclinou a cabeça como se dissesse: "Vá em frente, mas não diga que não avisei".

Passei correndo por ela e encontrei minha amiga deitada na cama, com uma expressão de pavor estampada no rosto. Ela não me disse uma única palavra. Havia manchas de sangue no lençol.

Perguntei o que tinha acontecido.

Ela simplesmente olhou para mim com uma expressão vaga, as lágrimas caindo pelos cantos dos olhos. Então sua mãe entrou e ela virou o rosto para a parede. Levantei os olhos e encarei a mãe dela, sem conseguir entender o que estava acontecendo. A mãe da minha amiga me expulsou da casa. Fiquei por algum tempo parada do lado de fora, na rua, esperando por alguma espécie de resposta.

Em casa, perguntei à minha mãe qual era o problema da minha amiga.

— Aquelas pessoas fazem coisas terríveis com as filhas deles – ela respondeu.

Pedi que explicasse, mas ela não quis falar no assunto.

Não conseguia tirar aquilo da minha cabeça.

No dia seguinte, voltei lá, e a mãe dela disse que minha amiga não estava bem ainda para receber visitas. Retornei para casa e supliquei à minha mãe que me explicasse o que tinha acontecido. Contei a ela sobre o lençol ensanguentado. Ela pareceu ficar furiosa, não comigo, mas com a família da minha amiga.

Ela me contou que algumas famílias muçulmanas têm a tradição de circuncidar as filhas quando completam 13 anos. Eles pegam uma faca e cortam as genitálias da menina – os lábios vaginais e o clitóris –, e depois costuram a vagina, fechando-a com agulha e linha. Mal conseguia entender do que ela falava, pois sabia muito pouco do corpo das mulheres. Quando minha mãe disse que a circuncisão deixa apenas uma pequena abertura para a urina sair, senti-me tonta. E, quando ela disse que na hora de terem filhos tinham de cortar as mulheres para abri-las novamente, senti muita raiva.

— Quero matar a família dela – falei.

— Entendo você – minha mãe concordou.

Ela me disse que as mulheres não tomam analgésicos antes de serem circuncidadas, e que muitas vezes morrem depois, devido a infecções. Tudo faz parte de "tornar-se mulher".

Como podiam ter feito aquilo com a minha amiga? Imagine crescer assim. Passar pela puberdade. Horrível! Eles cortam e jogam fora pedaços do seu corpo.

— Quem faz isso? – perguntei à minha mãe.

— Normalmente, uma mulher – ela respondeu. — Uma mulher vem e faz a operação com uma lâmina. Mas os homens também fazem questão disso. Homens como aqueles nunca se casariam com uma menina que não fosse circuncidada.

— Os dinkas fazem isso?

— Não se preocupe. Ninguém nunca vai fazer isso com você. Não é o costume dinka.

Minha amiga ficou curada e continuamos a amizade. Ela nunca falou sobre o que havia acontecido, mas eu não conseguia mais olhar para a mãe dela. Nunca mais quis brincar em sua casa. Deus deu às mulheres tudo que elas têm por uma razão. Até hoje, mulheres são circuncidadas por toda a África. Isso torna difícil a ida ao banheiro, a menstruação, o parto. Elas correm o risco de pegar infecções e terem diversos outros problemas. É algo que mexe com a cabeça delas. O simples fato de tomar consciência disso tudo já mexeu com a minha. Tornei-me bastante rebelde após esse episódio.

Meu irmão Mayen, 12 anos mais velho que eu, adorava ficar me dando ordens. Como a maioria dos homens sudaneses, achava que podia mandar em qualquer mulher. Um dia, não muito tempo depois de minha amiga ter sido mutilada, ele me mandou entrar na cozinha e lavar a louça. Falei que já estava farta, disse poucas e boas, proferindo até mesmo palavrões, que eram proibidos na nossa casa. Ele ficou perplexo e furioso, mas, em vez de me mandar não falar palavrões, tirou o cinto e começou a me bater com ele. Não ia aceitar aquilo de jeito nenhum, então saí correndo. Corri para além do quintal, rua afora, sentei-me em um muro e chorei, indignada. Fiquei lá por horas, até escurecer tanto que fiquei com medo. Quando entrei em casa, todos estavam dormindo, exceto minha mãe, que havia me esperado acordada. Ela me deu algo para comer e segurou as minhas mãos até que pegasse no sono.

Recebíamos dinheiro da minha irmã de Londres todo mês, e meu pai recebia uma pensão de 10 libras por mês do governo, mas que foi suspensa quando ele morreu. Minha mãe teve de se virar. Como Cartum estava sob a xariá, bebidas alcoólicas eram terminantemente proibidas, e as penas para os transgressores eram severas. Mas, claro, as pessoas mesmo assim gostavam de se embriagar, como ocorre em todas as partes do mundo. Minha mãe vislumbrou aí uma oportunidade.

Ela montou um alambique simples, como o que tinha em Wau. Usando diversos tipos de grãos, produzia uma garrafinha por dia. Uma de minhas tias se ofereceu para vender a bebida para alguns conhecidos dela. Quando chegou a hora de entregar as garrafas para a minha tia, todos nós ficamos morrendo de medo de que minha mãe fosse pega pela polícia e presa. Não podíamos nos arriscar a perdê-la. Ofereci-me para levar a mercadoria.

— Nunca vão suspeitar que uma menina está contrabandeando álcool – argumentei.

Minha mãe concordou. Colocamos a bebida em garrafinhas e enrolamos papel em volta de cada uma para não baterem umas nas outras e fazerem barulho. Eu as coloquei no fundo de uma bolsa, com um tecido em cima. Parecia ter acabado de sair do mercado. Suava frio quando saí de casa com um dos meus irmãos. Carregando a bolsa, andei em direção ao ponto de ônibus. Bem na esquina tinha um policial. Quase me virei e corri de volta para casa, mas segui em frente. Quando passei pelo policial, ele me olhou fixamente. Abaixei a cabeça de forma submissa e olhei para o chão. Ele não disse uma única palavra.

Após um tempo comecei a me sentir muito poderosa ao saber que estava fazendo algo tão proibido. As pessoas que bebiam eram açoitadas em público com chicotes de couro.

Chegamos à casa da minha tia sem nenhum incidente.

— Uma menina tão novinha fazendo papel de homem – disse ela.

Quando voltei para casa, minha mãe estava transtornada de preocupação.

— Você nunca mais vai fazer isso – falou. — E eu também não. Temos de encontrar outra maneira de ganhar dinheiro.

Eu tinha sido mordida pelo bichinho do empreendedorismo, então comecei a tentar descobrir outras maneiras de fazer dinheiro. Eu e meus amigos estávamos sempre juntando moedas para comprar sementes de abóbora assadas, chamadas *pasali*, de vendedores ambulantes. Percebi que não havia motivo para desperdiçar meu dinheiro com as sementes. Por que não assá-las eu mesma, para vender algumas e comer o resto?

Comprei sementes cruas, preparei-as e depois as vendi na escola, embaladas em saquinhos de papel. Fiquei surpresa em ver como era fácil ganhar dinheiro. Todos os dias, levava o dinheiro para casa e o entregava à minha mãe. Ela achou que essa era uma forma bem mais sensata de fazer um dinheirinho extra.

• • •

A psoríase continuava a castigar minha pele. Todos os dias, minha mãe pegava uma faca bem afiada e cortava as escamas que se soltavam, porque eu descamava feito uma cobra. A minha cabeça era a parte mais afetada. Minha mãe raspava meu cabelo e passava vaselina e remédio no couro cabeludo. Nada adiantava. As palmas da minha mão estavam tão rachadas que sangravam. Não era nada fácil, em particular na escola.

Frequentava uma escola para imigrantes nos limites da cidade, a cerca de 45 minutos a pé da minha casa, que ficava em uma área onde as pessoas moravam em barracos feitos de papelão e zinco. Era uma escola pobre, com uma estrutura precária e improvisada, embora fosse melhor do que a escola onde uma das minhas irmãs estudava, na qual tinha-se de carregar a própria cadeira dobrável de casa para a escola e vice-versa, para que não fosse roubada durante a noite. Ao menos na minha tínhamos bancos que permaneciam nas salas de aula. Mas aquele bairro era muito pior do que onde morávamos. Sentia-me rica todas as tardes quando chegava em casa, tendo passado pelos barracos cheios de gente com o desespero estampado no rosto.

As aulas eram ministradas em árabe na minha escola, com ênfase nos ensinamentos muçulmanos. Puniam-nos com golpes de vara. Se chegasse atrasada na escola ou fizesse algo errado, o professor me pedia que ficasse em pé e mostrasse as palmas das mãos para que pudesse bater nelas com uma vara. Isso acontecia com certa frequência. É claro que os golpes deixavam a minha psoríase parecendo carne moída, e eu chegava em casa com as palmas sangrando. A situação era tão grave que um dos meus tendões ficou danificado a ponto de arruinar o dedo indicador da minha mão direita. Desde então não consigo esticá-lo, porque os tecidos cicatrizaram de forma imprópria.

Minha mãe ficava doente de preocupação comigo. Embora todos planejássemos ir para Londres assim que possível, ela decidiu que eu seria a primeira, para que pudesse tratar a psoríase. Como era criança, ficou relativamente fácil para a minha irmã conseguir um visto de refugiada para mim. Não tinha os mesmos problemas do meu pai. Estava animada para ver minha irmã; era como um sonho: ir para Londres! Mas primeiro tinha de tirar o passaporte. E para isso precisava descobrir quando havia nascido.

Capítulo 7

Não sei a data exata do meu aniversário; só sei que nasci na estação de chuvas. Meu povo não costuma registrar datas de nascimento. Mas, cerca de 14 anos depois da minha mãe me dar à luz em Wau, precisava de uma carteira de identidade e de um passaporte para ir à Inglaterra. Para isso, ela e eu tínhamos de escolher uma data. Decidimos que seria o dia 16 de abril, mas nossa decisão não se baseou em nenhuma razão especial, além de essa data estar dentro da estação de chuvas. Tirei minha foto com um fotógrafo de rua e meu irmão Wek a levou para a delegacia do distrito comercial de Cartum para que fizessem minha identidade. Nunca me viram em pessoa, e, olhando para a foto de uma criança alta, magricela e de cabelo curto, supuseram que se tratava de um menino. Na minha identidade eu era do sexo masculino e tinha uma data de nascimento inventada. Meu mundo sempre havia sido meio imprevisível. Felizmente, meu irmão conseguiu alterar a identidade e, por fim, tirar meu passaporte.

Com os passaportes em mãos, eu e minha irmã Athieng demos entrada na papelada que nos permitiria deixar a África como refugiadas e ir à Inglaterra para encontrar com Ajok, nossa irmã. Fazia muito tempo que eu não a via. O plano era que eu estudasse em uma escola próxima ao apartamento de Ajok, em Hackney, na zona leste de Londres. Também a auxiliaria com os filhos, acabaria aprendendo inglês, conseguiria um emprego e ajudaria minha irmã a juntar dinheiro para levar o resto da família para lá.

Não havia muito que me prendesse ao Sudão. A economia – depois de décadas de guerra – estava arruinada. Meu pai estava morto. Não foi difícil arrumar as malas, porque Athieng e eu não possuíamos quase nada. Tinha um vestido, chinelos e roupas de baixo, praticamente só isso. As poucas coisas a mais que juntei no decorrer dos anos deixei para os meus irmãos e irmãs. Estava indo para a terra dos ricos. Eles queriam dividir entre eles o que eu deixaria para trás.

— Deixa aí, Alek, deixa aí. Você vai conseguir tudo que quiser quando chegar a Londres, e nós vamos continuar presos aqui – uma das minhas irmãs mais velhas disse enquanto eu arrumava minhas coisas para ir embora. Ela queria uma presilha de cabelo feita de metal que eu tinha havia anos.

— Arrume um casaco assim que chegar lá. Vai estar um frio de rachar em Londres – avisou Adaw.

Minha última noite com a minha família foi repleta de afeto, mas triste, porque eu era extremamente ligada à minha mãe. Conversamos, e eu e Athieng cantamos algumas musiquinhas bobas. Na nossa última refeição, deliciosa por sinal, comemos *kissra* imerso em um cozido. Sentiria uma falta tremenda de todos eles. Após o jantar, minha mãe me mandou tomar banho. Ela prezava muito a boa aparência. Não importava se eu ia visitar os vizinhos ou viajar para o outro lado do mundo. Ela queria que estivesse com boa aparência para representar bem a família. Vesti uma blusa e saia roxas, que minha mãe havia comprado especialmente para a ocasião.

Vestida de modo adequado, juntei-me a meus irmãos e à minha mãe em um carro de um vizinho e saí em direção ao aeroporto na noite deserta, as estrelas no céu iluminando as ruas de Cartum. A cidade não tinha quase iluminação nenhuma àquela época, e também não havia praticamente ninguém nas ruas. Parecia ser outro planeta, um planeta dos perdidos. Tinha 14 anos e começava uma nova vida outra vez, pela terceira vez no meu pouco tempo nesta terra.

•

Enquanto seguíamos de carro pelas ruas escuras, não tinha a mais vaga ideia da distância que estava prestes a percorrer na minha jornada. Passamos por barracos e comércios fechados com portão de latão, mercados grandes e desertos com barracas de madeira e lixo barato do comércio sudanês espalhado no chão. Não havia ninguém à vista. Em certo momento, entrei em pânico, pensando que não queria ir embora. Olhei para minha mãe e quase chorei, mas não poderia fazer aquilo. Pus o rosto na janela para que a brisa refrescasse a agitação. O vento quente não foi de muita valia. Fazia 40 graus do lado de fora, 3 graus abaixo que a temperatura marcada nos termômetros durante o dia. Ainda havia poeira no ar, devido à tempestade mais recente. Raramente chovia em Cartum. Tínhamos só os *haboobs*, com aquelas imensas nuvens de terra vermelha e areia. Quando chegamos ao aeroporto, o vidro dianteiro estava todo empoeirado. Havia poeira também na minha pele e em minhas roupas.

Athieng e eu não levávamos quase nada além das expectativas da nossa família quanto ao nosso futuro. Enquanto me despedia de todos com um abraço, meu irmão Mayen disse:

— Alek, não perca seu passaporte, nem esta passagem. Você não vai entrar em Londres sem isso. Eles mandam você de volta pra cá.

O Sudão era o país dos meus ancestrais, a terra que servia de pasto ao nosso gado, a terra onde nossos espíritos viviam, mas eu não queria de forma alguma ser mandada de volta.

Agora eu era oficialmente uma refugiada, com apenas uma bolsa pequena, um passaporte, uma passagem e um pouquinho de dinheiro.

Partia de um lugar onde soldados, milícias e rebeldes matavam uns aos outros e a qualquer um – homens, mulheres ou crianças – que se interpusesse entre eles e a busca pelo poder. Já estava farta de ver corpos, como os que apodreciam na encosta da colina, perto do poço onde costumava buscar água em Wau. Não queria ver mais cadáveres, ou me tornar um.

•

No portão de embarque, Athieng e eu demos adeus pela última vez.

— Vejo você daqui a alguns meses, mãe – falei. Agarradas aos nossos documentos como se fossem joias, apressei minha irmã à frente.

— Passagem e passaporte, por favor – a aeromoça pediu para mim.

— Não – respondi. — São meus.

— O quê?

— Meu irmão me disse para não soltá-los.

— Só preciso vê-los por um segundo.

Tinha medo de que ela pegasse os documentos e nunca mais me devolvesse, mas acabei por entregar as coisas. Ela me olhou de cima a baixo como se eu fosse uma caipira, o que, de certo modo, eu era. Não conhecia muito dos procedimentos de voos internacionais, passaportes e coisas do tipo.

Os comissários de bordo tentaram fazer com que ficássemos bem à vontade. Trouxeram *croissants*, mas eu e Athieng não estávamos acostumadas com aquele tipo de comida e ficamos com dor de estômago. Quando fui ao banheiro, percebi que havia mais alguma coisa que eu desconhecia completamente. Um laboratório científico e aquele lavatório para mim tinham o mesmo grau de complexidade. Era um mistério total. Havia visto talvez dois vasos sanitários com descarga na minha vida inteira, portanto entendia o conceito, mas – meu Deus! – não entendia o *layout*. Onde era o acionamento da descarga? As instruções estavam em inglês, não em árabe, por isso não conseguia ler absolutamente nada. E o papel? Em casa sempre usávamos folhas de jornal ou de planta. Não estava acostumada com esse material refinado. Estava constrangida demais para pedir ajuda, mas desesperada e também preocupada com a minha irmã, que estava sozinha no assento. Por fim, para meu alívio, uma aeromoça me mostrou como fazer.

Passei o resto da noite no meu assento, totalmente desperta, olhando pela janela as luzes na asa enquanto voávamos em meio à mais completa escuridão. Pensei em Ajok e no longo tempo que não nos víamos. Imaginei as possibilidades para o meu futuro. Ia ser tão diferente do meu passado!

Pousamos em Frankfurt e mudamos para o voo da nossa conexão. Quando saímos do avião, o ar frio da primavera me assustou. Nunca havia experimentado nada assim. Trajava apenas minhas roupas apropriadas para o calor de Cartum; não tinha nada que me aquecesse. Uma aeromoça nos levou ao portão para o nosso próximo voo, que aliás nunca teríamos achado se não fosse ela: o aeroporto era enorme e nós só falávamos dinka e árabe. Quando pousamos em Londres, trouxeram escadas para junto do avião e descemos, com aquele ar frio e úmido à nossa volta. Não fazia a menor ideia do que deveríamos fazer. Então eu e Athieng seguimos todos os outros até um ônibus. Temi que estivéssemos fazendo a coisa errada. Fiquei morrendo de medo, mas não deixei transparecer, pois não queria assustar minha irmã. Na imigração, eram todos brancos. Não sabia que existiam tantas pessoas brancas no planeta. Os oficiais nos levaram a uma sala onde minha irmã nos esperava, tomada pela emoção. Ela não via a família fazia muitos e muitos anos.

Fora do aeroporto, enquanto andávamos em direção ao trem, o ar estava gelado.

— Mas é junho – falei. — Achei que estivesse fazendo calor.

— Isto é calor na Inglaterra – minha irmã disse às gargalhadas.

— Não estou acostumada a passar frio.

— Você nunca vai se acostumar.

Sentada no banco do trem, a caminho da cidade, fui olhando tudo, absorvendo tudo. O trem se movia sobre trilhos tão elevados, a uma altura que eu mal conseguia acreditar. As pessoas eram muito estranhas. De repente, um homem entrou carregando a bicicleta, usando calças justas e uma blusa também justa. Fiquei constrangida por ele. Como podia andar assim por aí? Tudo era tão diferente do Sudão. E também tão diferente do que havia imaginado.

Em casa, quando via fotos da Europa e da América em revistas, tudo parecia igual: as pessoas, os prédios. Tudo era tão incomum para mim que não conseguia enxergar as diferenças entre, digamos, a Inglaterra e a Itália. Via só que tudo era limpo, luxuoso e estranho. E repleto de abundância.

No trem, percebi que a ideia que eu fazia da Inglaterra não condizia com a realidade. Dava para ver, só na curta viagem partindo do aeroporto, que algumas partes da cidade não tinham nada de refinado, mas sim prédios caindo aos pedaços e lâmpadas queimadas nos postes de luz, enquanto outras áreas eram mais limpas, mais organizadas e prósperas. Então me ocorreu que isso também acontecia com os ocidentais quando pensavam na África. A ideia deles se baseava em particular nas fotos que viam. Partiam do pressuposto de que todos os países eram iguais. Viam-nos todos como aldeões pobres e analfabetos; pensavam que todos nós matávamos uns aos outros; pensavam em nós mastigando *khat* e andando por estradas de terra. Não nos viam como seres únicos que somos.

Na minha observação, notei outro aspecto da paisagem da cidade – os *outdoors*. Era excitante olhar pela janela do trem. Havia centenas de anúncios. Não pensei nas modelos que posaram para as fotos, porque estava ocupada demais tentando descobrir o que os anúncios pretendiam vender. Com certeza nunca me passou pela cabeça que um dia eu estaria lá em cima também.

•

O apartamento da minha irmã era no terceiro andar. Eu e Athieng achamos o máximo morar em um lugar tão alto, então naquela primeira noite passamos um tempão só olhando pela janela, arrebatadas pela vista das ruas lá embaixo. Quando não estava olhando lá para baixo, observava tudo dentro do apartamento: os aquecedores, o fogão, a pia, o banheiro. Passei muito tempo no banheiro, que, a meu ver, era um luxo só. Lavava as mãos devagar; tomava um banho quente na banheira. Simplesmente não conseguia acreditar.

Estava radiante por estar com minha irmã. Ela fez um cozido e todos comemos juntos: Athieng, eu, ela, seu marido e meus sobrinhos e sobrinhas. Após alguns dias de descanso, quis começar a ajudar a família, então me ofereci para fazer as compras. Minha irmã me deu 20 libras e mandou meus sobrinhos e sobrinhas comigo, para comprarmos comida. A essa altura eu já os chamava de "pestinhas", porque às vezes eram incrivelmente indisciplinados, mas adorávamos a companhia uns dos outros.

Fiquei deslumbrada ao chegar ao supermercado e ver toda aquela oferta de produtos. Hesitei em entrar, pois no Sudão você jamais pensaria em entrar em uma loja. A maioria delas eram casinhas com uma janela. Você se dirigia à janela e dizia: "Um pouco de sabão, por favor", e eles lhe davam.

— Não tem problema, titia. Podemos entrar na loja e escolher o que vamos levar – explicou meu sobrinho.

Ao entrar, pensei: "Não pode ser real... Há tantas opções pra escolhermos!". Não entendia como alguém poderia precisar de tanto. Só queria quiabo e cebola, mas de repente havia sete ou oito tipos diferentes de cebola. E diferentes tipos de aipo. Um corredor inteiro de chocolates. Só comia chocolates uma vez por ano ou coisa assim, em feriados especiais, e ali estava uma seção inteira dedicada a eles! Tive de me esforçar para manter o foco, me acalmar. Falei a mim mesma: "Alek, este é o seu mundo agora. Você tem de aprender".

Encontramos o que precisávamos e meus sobrinhos me mostraram o caixa. Havia ficado tão admirada diante de tantas opções que, não sei como, acabei perdendo a nota de 20 libras que minha irmã havia me dado. Fiquei muito constrangida e também com medo do que minha irmã fosse dizer quando chegássemos em casa. Mas ela não me bateu nem nada parecido. Recomendou apenas que tivesse mais cuidado da próxima vez.

Corri para o quarto que eu dividia com Athieng e lhe contei o que tinha visto.

— Chocolates empilhados até lá em cima, na altura de uma porta! – falei. — Você não ia acreditar.

Seus olhos se iluminaram, mas ela estava muito assustada e não quis ir ao supermercado comigo.

Fiquei maravilhada com a comida na Inglaterra. Adorava fazer três refeições por dia. Adorava o almoço que serviam na minha escola. Em geral, havia uma opção de torta de carne ou um prato vegetariano, e de acompanhamento batatas fritas e suco em caixinha. Ainda assim, muitas crianças na escola não ficavam satisfeitas com as opções e preferiam almoçar em restaurantes de *fast-food*. Vendo aquilo, não podia deixar de achar as crianças inglesas um tanto quanto mimadas. Elas também não conseguiam me aceitar muito bem. É claro que eu era fisicamente diferente. Costumavam me chamar de "preta tição", por ser tão escura. Riam de mim por qualquer coisa, muito embora várias delas fossem de famílias africanas, mas criadas na Inglaterra. Não eram todas crianças inglesas nativas, mas todas falavam inglês, língua que eu tinha de aprender logo.

A escola colocou tanto eu quanto Athieng nas aulas comuns. Mas, felizmente, disponibilizaram para cada uma um professor-assistente, para nos ajudar. Meu professor era uma preciosidade e em pouco tempo eu falava e lia em inglês. Comecei a estudar literatura inglesa antes mesmo de ter ouvido falar de Shakespeare. Achei matemática difícil, mas estava ansiosa para aprender e aproveitar as oportunidades que me estavam sendo oferecidas.

No início, as crianças faziam piadinhas sobre mim por causa da pele escamosa, que, de fato, fazia com que me parecesse com um lagarto. Surpreendentemente, após três semanas em Londres, minha psoríase, que havia me atormentado desde que era bebê, simplesmente começou a sumir. Todos os dias eu olhava meu rosto no espelho. Quase não acreditava no que via – minha pele estava ficando lisa. Minhas pernas também se livravam desse mal. Depois de alguns meses, a psoríase havia desaparecido por completo. Alguns médicos me disseram que foi devido à mudança de clima, que era seco no Sudão e úmido na Inglaterra. Outros atribuíram ao fato de muito do estresse que me assolava ter chegado ao fim. Outra possível causa foi a minha entrada na puberdade àquela época.

Seja como for, fiquei aliviada. Já era difícil o bastante ser uma adolescente em uma cidade estranha. Tinha alguns amigos – talvez dois –, mas me sentia muito isolada. Enquanto os outros na minha sala iam a festas, eu ficava em casa tomando conta dos meus sobrinhos. Senti-me menos estranha quando a minha pele melhorou. Ficou mais fácil fazer amigos. Não havia muitos sudaneses na Inglaterra naquela época – nada comparado aos 20 mil ou coisa assim que vivem lá hoje em dia –, mas minha família conhecia alguns deles e havia uma boa comunidade. Se alguém se casasse, todos nós, exilados, éramos convidados para a festa. Fiz amizade com algumas das meninas, e a minha irmã mais velha, que me vigiava como um falcão, confiava que não me meteriam em encrenca. As meninas sudanesas compreendiam o que eu passava e me ensinavam os costumes de Londres.

Não que eu saísse muito. Minha irmã e o marido tinham quatro filhos, duas meninas chamadas Aman e Awut, e dois meninos, Lual e Tong, e tanto minha irmã quanto o marido trabalhavam à noite. Minha irmã trabalhava agora em um hotel, e o marido, como segurança. Precisavam da minha ajuda. Eu chegava em casa da escola, fazia o jantar para as crianças e tomava conta delas. Elas eram da minha família, mas não eram fáceis. Quando pedia que realizassem alguma tarefa, como recolher os pratos da mesa ou arrumar os próprios quartos, ameaçavam dizer à mãe que havia batido nelas. Às vezes, apenas saíam andando e me deixavam falando sozinha. Era emocional e mentalmente exaustivo. Tinha só 14 anos, mas minha irmã precisava de mim, então não reclamava.

Além do estresse próprio da adaptação à vida em uma cidade nova, estava ficando claro que minha mãe não ia sair do Sudão tão cedo. Era complicado conseguir a papelada necessária e ainda mais difícil obter o dinheiro. Ela não tinha telefone e o país não contava com nenhum serviço de correio confiável. O único jeito de nos comunicarmos era mandar mensagens através do nosso amigo que trabalhava no hotel de luxo em Cartum, por intermédio de quem minha irmã vinha mandando dinheiro.

•

Depois de algum tempo, comecei a me sentir mal por comer a comida da minha irmã e morar na casa dela sem contribuir com dinheiro algum, nem para as despesas, nem para mandar para a minha mãe, por isso arrumei um emprego em um supermercado, onde trabalhava durante as manhãs e nos fins de semana, abastecendo as prateleiras. Era a funcionária menos qualificada lá, e um dia o supervisor fez uma brincadeira comigo. Deu-me uma camiseta em que estava escrito SUPERVISORA DE *STAFF* na frente. Não entendi a piada. Quando o chefe viu aquilo, ficou bravo e me perguntou:

— Por que está usando essa camiseta?

Cerca de um ano depois, colocaram-me de fato como supervisora de pessoal, e peguei a camiseta de volta.

Depois desse emprego, trabalhei em uma fotocopiadora por um tempo, onde aprendi a manter tudo organizado e a usar o computador. Estava com 16 anos, e nessa época minha mãe escapou do Sudão com mais dois irmãos e duas irmãs. Fiquei imensamente feliz em vê-la após dois anos sem ouvir sequer uma palavra sua ao telefone.

Ela parecia bem, e ficou surpresa ao ver o quanto eu havia mudado. Meu inglês estava bom, e ela contava comigo para se comunicar. Athieng se mudou para junto dela, mas eu fiquei com Ajok por mais um tempo para ajudá-la com as crianças. Fiquei triste por não morar com a minha mãe, mas minha irmã precisava de mim. Enfim, depois de mais ou menos um ano, deixei a casa da minha irmã e me mudei para a de minha mãe.

Era ótimo ter tantos membros da família por perto. Infelizmente, meu irmão Mayen e minha irmã Adaw já estavam com mais de 18 anos naquela época e não puderam ser incluídos no requerimento da família para o visto de refugiado junto com os outros filhos. Quando Mayen fez o requerimento para o próprio visto, ele foi negado. Mayen teve de permanecer em Cartum, e, como o governo sabia que a família dele havia fugido, a polícia o perseguia por ser parte de uma família de "traidores". Ele foi preso e surrado. Sei que foi terrível para ele, embora nunca tenha falado a respeito. Anos depois, ele e Adaw conseguiram ir embora para o Canadá, mas a violência que Mayen sofreu deixou marcas profundas.

Minha mãe se instalou muito bem, embora a adaptação para ela fosse mais difícil, visto que já era uma adulta madura. Conheceu várias outras mulheres sudanesas e elas se tornaram amigas em pouco tempo. Compartilhavam experiências e sentimentos, algo que não poderiam fazer com ingleses ou imigrantes de outros países. Minha mãe se sentiu menos solitária com essas mulheres por perto. Várias delas haviam também perdido os maridos no Sudão.

Chegaram até mesmo a recriar muitos dos costumes africanos. Fiquei surpresa quando conseguiram fazer quiabo seco. Convenhamos: a Inglaterra não é famosa por ter um sol radiante. Criaram um método de secá-lo devagar sobre o fogão. Fiquei tão contente por comer quiabo seco novamente, depois de tanto tempo longe do Sudão! Tentei servir para os meus sobrinhos, que nunca colocaram o pé na África. Eles fizeram cara feia.

— Titia, o que é isso?

— Cozido de quiabo seco.

— Ah, não, a gente não gosta disso – falou um deles. — Não vamos comer não...

— Tudo bem. Mas vocês não sabem o que estão perdendo.

•

Durante o meu último ano na escola, minha turma foi levada para visitar diversas universidades, entre elas, as de Oxford e Cambridge. Foi durante uma visita ao London

Institute que de repente ficou claro para mim que sabia exatamente o que queria fazer. Sempre havia feito desenhos e pequenas esculturas de argila, e, ali, vi pessoas que dedicaram a vida a fazer arte. Aquilo tocou fundo no meu coração, e decidi me inscrever. Minha mãe não entendia bem por que queria estudar arte em vez de medicina ou economia, ou as outras áreas para as quais os imigrantes em geral empurram os filhos, mas não interferiu.

Fui aceita no London Institute com uma bolsa de estudos e comecei as aulas em 1994. Era um lugar tão fantástico! Adorava pintar e passava horas trabalhando no estúdio todos os dias. Também comecei a fazer aula de canto à noite. Minha família aprovou: se pedisse para ir a uma boate, teriam dito que não, mas, como havia encontrado um *hobby*, lidavam melhor com o fato de eu ser independente. Não era como sair para as noitadas da zona sul de Londres, mas, ainda assim, era uma chance de sair de casa.

Precisava encontrar uma forma de pagar pelos materiais de arte que usava, que eram caros, então arrumei um trabalho na BBC, o que pode parecer maravilhoso, exceto pelo fato de meu trabalho se resumir a limpar banheiros. Todos os dias, acordava às quatro da manhã e me arrumava para trabalhar. Meu quarto nunca ficava quente, mesmo quando a calefação estava ligada; fazia um frio terrível àquela hora da madrugada. Odiava sair da cama para esfregar banheiros, mas tinha de ter disciplina. Àquela altura, já havia entendido que, se quisesse algo, precisaria correr atrás. Aquele emprego era uma espécie de garantia. Mas não significava que eu gostasse dele.

Tinha dias em que entrava nos banheiros e pensava:

"Meu Deus, como as pessoas podem ser tão nojentas?". Era inacreditável como os banheiros ficavam imundos. A supervisora era uma mulher má, que me olhava com olhar de desprezo, como se eu valesse menos que nada. Quando terminava meu turno, ia para a faculdade, onde passava o dia, e à noite ia para casa tomar conta dos filhos da minha irmã. Até que em uma manhã gelada disse a mim mesma: "Não aguento mais", e pedi demissão.

Arrumei outro emprego em um salão de beleza. Servia café e água para os clientes, varria os cabelos do chão e subia com os materiais do porão. O dono era um homem do bairro de Cockney, com sotaque carregado e atitudes bruscas de alguém que havia lutado por tudo que conquistara.

— Vai ser magnífico – ele disse ao me contratar. — Estou muito contente por você trabalhar aqui comigo.

Ele dava valor a pessoas trabalhadoras como eu. Talvez tenha vislumbrado um pouco dele em mim, uma menina dinka que viera a Londres, aprendera inglês na marra e entrara na faculdade de artes. Afinal, ele havia crescido no extremo leste de Londres e trabalhado até subir na vida. Agora pessoas ricas pagavam passagens aéreas até Los Angeles e Nova York só para que ele cortasse o cabelo delas. Mas, na realidade, sabendo como a sociedade inglesa funciona, não importa quanta riqueza acumulasse, sempre seria visto como alguém vindo de Cockney. Assim como algumas pessoas sempre me viam como apenas uma garota africana primitiva, não importa o que fizesse da minha vida.

Não falava muito no salão, e os outros funcionários não sabiam como eu tinha ido parar em Londres. Algumas clientes falavam árabe e mais de uma vez ouvi quando cochichavam sobre mim:

— Quem é aquela garota magricela? Tinha um cabelo no chá que ela me trouxe.

Levaram um baita choque quando respondi em árabe:

— Não falem de mim desse jeito.

Não demorou muito e o dono me promoveu a assistente no lavatório. Passava xampu, e às vezes dava nojo: algumas mulheres de lá tinham o cabelo mais imundo que eu já havia visto. Mas era um emprego, e um progresso em comparação a limpar banheiros.

•

Minha mãe era muito rigorosa comigo e não me deixava ir a festas. Obviamente, não tinha namorado. Ela não o teria permitido de forma alguma. Tinha, sim, uma grande amiga, uma menina inglesa que havia conhecido na escola.

Lembro que uma vez ela me perguntou:

— Então sua mãe não a deixa sair com rapazes? Não permite que vá a festas? Você não pode fazer nada?

Achei que estivesse me criticando e assumi uma atitude muito defensiva. Depois, percebi que na verdade ela estava dizendo que era maravilhoso ver como minha mãe tomava conta de mim. Os pais dela não eram nada parecidos. A mãe dela era de Cingapura, e o pai, indiano; ela era muito bonita. E também muito inteligente, de onde concluí que a vida dela devia ser um mar de rosas. Mas os pais dela eram divorciados e estavam preocupados com os próprios problemas, portanto, na realidade, ela tinha se criado sozinha, sem orientação alguma. Acho que isso fez com que uma tristeza grande tomasse conta dela e acabasse por influenciar todos os aspectos de sua vida. Mesmo quando estava se divertindo, havia uma parte dela que estava triste e que ela tinha de conter.

Ríamos bastante juntas. Eu a entendia, e ela a mim. E adaptamos a nossa amizade à vida de cada uma de uma maneira muito bonita. Ela sempre me dava os melhores conselhos.

Num fim de semana de 1995, ela me chamou para irmos ao Crystal Palace Park, no sul de Londres, onde uma das rádios locais organizava uma feira ao ar livre. Pegamos um ônibus até lá e estávamos andando na feira, pensando em comprar um cachorro-quente ou um algodão-doce, quando de repente uma moça loira, baixinha, veio até mim e perguntou:

— Você já pensou em ser modelo?

Fiquei vermelha de vergonha – provavelmente ela não tenha notado devido à cor da minha pele, mas digo a vocês: fiquei vermelha. Minha amiga parecia estar chocada. Sempre achamos que ela era a bonita das duas, não eu.

— Aqui está o meu cartão – disse a moça. — Acho mesmo que você tem de nos fazer uma visitinha. Quero que conheça o Nigel. Ele é o agente com quem trabalho.

— Não sei se minha mãe deixaria – respondi.

— Bem, acho que você se sairia muito bem. Estou falando sério. Você se importa se eu tirar uma foto?

Ela tirou uma foto polaroide minha e escreveu meu telefone na agenda. Enquanto se distanciava, fez uma mímica, como se segurasse um telefone ao ouvido, e lendo seus lábios entendi o que ela dizia, mesmo sem emitir som algum:

— Me liga.

Quase derreti, feito manteiga, bem ali no Cristal Palace Park.

— Uau, o que você acha? – perguntei à minha amiga.

Não sabia absolutamente nada sobre modelos, mas ela olhou o cartão, onde estava escrito MODELS 1.

— Essa agência é fantástica! Isso é maravilhoso!

— O que eles fazem?

— Transformam você em uma *top model.*

— O quê?

— Uma *top model*, Alek. Ela vai colocá-la nas capas das revistas. Você pode ter sua foto nos anúncios.

Por um segundo, pude me ver na televisão. Poxa, seria muito legal. Mas não comentei nada.

— Isso é ridículo. Eu?

Jamais havia imaginado tornar-me modelo. Nem sabia que elas existiam antes de chegar a Londres, refleti enquanto pagava o algodão-doce. Mais tarde, quando me despedi da minha amiga, ela me lançou um olhar estranho.

— Você não vai ligar para ela, né? Estou vendo na sua cara.

— Bem...

— Se você não ligar, vou te matar, e depois vou te matar de novo – ela avisou. — Você é uma maluca se não ligar, Alek.

— Vou ver com a minha mãe.

•

Fui para casa e contei a minha mãe o que havia acontecido. Ela me olhou com uma expressão que dizia: "Não seja boba. Continue estudando. Faça bem o seu trabalho e não tenha esses pensamentos ridículos".

Fiquei arrasada. Minha amiga havia me dado esperanças e agora minha mãe acabava com elas, mas eu sabia que a pessoa que mais devia ouvir era mesmo a minha mãe. Ainda que fosse rigorosa, sabia que nunca iria desejar nada de mal para mim.

Fui para a faculdade. Trabalhei no salão. Cuidei dos meus sobrinhos, e, como sempre, me comportei como uma boa menina dinka. Guardei o cartão na gaveta da minha mesa de cabeceira e nunca liguei para a agência. Simplesmente não era para ser.

Duas semanas mais tarde, minha mãe disse que a *scouter* da agência havia ligado. Eles queriam que eu fosse até lá. Percebi que minha mãe não estava mais tão inflexível. Não me incentivou a ir, mas também não estava me dizendo para não ir.

Então o telefone tocou de novo. Era a *scouter*.

— O que houve? – ela perguntou. — Achei que você ia passar aqui.

Não era comum uma menina ser "descoberta" por um olheiro e não aparecer.

— Você está falando sério mesmo? – perguntei.

— Estou falando sério, Alek. Acho que você pode se dar muito, muito bem nessa área – ela disse com seu sotaque britânico impecável que eu adorava.

Diante daquilo, disse à minha irmã:

— Vamos lá ver.

Fomos à agência e nos sentamos em elegantes cadeiras de couro na sala de espera. As paredes estavam repletas de capas de revistas *Elle* e *Vogue*. Eu, que estava meramente curiosa, fiquei de repente empolgada e pensei: "Olha só todas essas meninas, essas modelos famosas! Tem certeza que aqui é o meu lugar?". Lendo meus pensamentos, minha irmã assumiu o controle:

— Alek, acalme-se – disse ela.

A *scouter* veio e nos levou a uma sala grande, onde havia uma mesa redonda cercada de cadeiras. As palmas das minhas mãos vertiam suor e meu coração estava acelerado. Então um homem muito bonito entrou. Devia ter uns quarenta anos.

— Alek, é um grande prazer conhecê-la – disse ele em um sotaque escocês magnífico. — Gostaria de representá-la.

Foi aí que tudo começou a se tornar real. Ele explicou que queria juntar algumas fotos de diferentes ensaios fotográficos para começar a me mandar para *go-sees*[1] – termo que nunca havia ouvido antes, o que ele pôde constatar vendo minha expressão impassível.

— Para propagandas – ele explicou. — Na televisão.

Fiquei chocada.

— Eu? Na TV?

— Temos de fazer um *book* com as suas fotos e depois incrementá-lo com alguns trabalhos. A partir daí você terá uma carreira.

Eu e minha irmã nos olhamos. De repente, o Sudão, com seus *haboobs* e soldados mirins, parecia estar muito, muito distante.

— Quando você quer começar? – Nigel perguntou. — Vamos começar com anúncios, revistas...

---

1. *Go-see* é uma visita na qual a modelo tem a oportunidade de se apresentar a profissionais da moda, como editores de revistas, fotógrafos importantes e produtores de comerciais e filmes. (N.E.)

Saí da agência com mil pensamentos malucos na cabeça. Será que eu devia? A agência era real ou uma fraude? Poderia ser uma modelo famosa? Provavelmente não, mas o que eu tinha a perder? Estava farta de ser babá todas as noites e lavar o cabelo de senhoras nos fins de semana. Alguns dias depois, com o consentimento da minha mãe, disse a Nigel que estava pronta para começar. E ele foi maravilhoso. Tinha os pés no chão e não era muito mandão, e ainda havia aquele sotaque maravilhoso. Não poderia estar mais feliz.

De uma hora para outra, eu era modelo, embora, definitivamente, não tenha sido um caso de sucesso da noite para o dia. Ainda frequentava a faculdade, ainda tomava conta dos meus sobrinhos à noite, ainda lavava o cabelo das senhoras nos fins de semana. Mas, agora, meu agente me ligava e me dizia que tinha de encontrar um fotógrafo que me achava adequada para algo. Era uma vida surreal. Lá estava eu, uma menina de uma cidadezinha do Sudão. Havia passado a maior parte da vida com a pele coberta de psoríase, que não é das doenças mais belas esteticamente falando, e com certeza não combina nada com uma menina na capa de uma revista. Num piscar de olhos, estava com 19 anos e no coração de Londres, e com pessoas interessadas na minha aparência e profissionais querendo me fotografar. Mas, mesmo assim, não importava o que meu agente dissesse, ou o quanto o fotógrafo me lisonjeasse, ainda ia para a casa da minha mãe comer quiabo e falar dinka.

•

Não demorou muito até decidir que não dava mais para trabalhar no salão. Mas o dono não me deixava pedir demissão; tentava me persuadir a continuar lá. Sentia-me lisonjeada e não queria magoá-lo, mas não queria mais trabalhar no salão. No fim, acabei inventando uma mentirinha para me ajudar. Num sábado de manhã, enrolei uma atadura no meu tornozelo, entrei no salão mancando e disse-lhe que havia sofrido uma torção. Ele me olhou de cima a baixo, desconfiado.

— Tudo bem – falou. — Não precisa mais subir nem descer as escadas. Você pode ficar aqui em cima comigo.

"Oh, não!", pensei. Meu plano havia dado errado.

Fui mancando até ele.

— Sério, não vou poder trabalhar com o joelho assim.

— Achei que havia dito que o problema era no tornozelo.

— No tornozelo, isso. Não posso trabalhar com ele assim.

— Bem, então volte quando melhorar.

Fui embora mancando, sentindo-me culpada por ter mentido. Quando já havia me afastado o suficiente na rua e não podia mais ser vista, desenrolei meu pé e pulei de alegria. Tinha 19 anos e estava começando uma nova vida.

Só fui voltar ao salão anos depois, quando passamos em frente e pedi a meu motorista que desse uma parada. Entrei para dizer um oi.

— Alek, olhe só para você! – meu antigo chefe falou, me cumprimentando calorosamente.

Contei a ele a verdade sobre aquela mentira do passado.

— Ah, não se preocupe com isso – disse-me ele. — Você é uma *top model*!

Capítulo 8

As crianças da escola em Londres faziam piadas das minhas pernas muito compridas, da pele muito escura, do rosto redondo de feições africanas e do cabelo avermelhado. De tudo. Portanto, tornar-me modelo foi uma surpresa e tanto. Afinal, era aquela que havia passado a maior parte da vida coberta com uma pele parecida com a de um lagarto. Mas a agência me queria, e não seria eu a fazer objeção.

Minha mãe pensava diferente. No Sudão não tínhamos muito acesso à mídia, a não ser à televisão e, ainda assim, muito de vez em quando. Jamais havia considerado que poderia ganhar dinheiro com a minha aparência, e minha mãe pensava ainda menos nessa possibilidade. Tudo que ela sabia sobre mulheres que posavam para fotos é que em geral não eram "flor que se cheire".

Estávamos na cozinha uma tarde, o cheiro do cozido de carne tomando conta do apartamento, quando lhe contei que havia um trabalho no dia seguinte – fotos para o editorial de uma revista. Ela fez cara feia.

— E o que você vai fazer?

Deu para notar que ela estava imaginando um homem qualquer tirando proveito de mim, fazendo a sua menininha tirar a roupa diante das câmeras, ou coisa pior.

— É uma matéria sobre vestidos – falei. — Vestidos novos.

— E você tem certeza de que vai usar esses vestidos?

— Mãe... – falei.

— Não vem com "mãe" pra cima de mim. Você não sabe do que essas pessoas são capazes.

— Foi o meu agente que arrumou o trabalho. Ele não vai fazer nada que me prejudique.

— O que é um agente senão alguém que ganha dinheiro em cima de você?

— É um trabalho honesto – argumentei. — E não sou nenhuma idiota. Não vou fazer nada que ache que você não aprovaria.

Ela permaneceu em silêncio por um momento. Depois olhou nos meus olhos, e sua expressão se abrandou.

— Claro que não, minha querida. Você é uma menina esperta e tem razão. Confio em você. Só tenha cuidado.

Mas eu via além dos seus olhos. Ela achava que eu acabaria me tornando uma garota de calendário de borracharia. Minha mãe tinha receio de que acabasse tirando a roupa e me metesse em situações ruins. Eu a admiro por não ter me trancado no armário e sumido com a chave até que essa ideia de ser modelo tivesse passado.

Meu primeiro trabalho foi um ensaio para um fotógrafo chamado Mark Mattock. Não cobrei nada, claro, pois era novata, mas duas das fotos foram publicadas depois na *Vibe*, uma importante revista de música de Nova York, o que fez com que outras pessoas se interessassem por mim. Por exemplo, um diretor de *casting* achou que eu seria perfeita para o vídeo da música de Tina Turner, tema do filme de James Bond, *007 contra GoldenEye*. Essa foi a primeira de muitas vezes em que fui escolhida devido a meus traços africanos – queriam alguém "exótico" que houvesse morado na selva.

Conheci Tina Turner, mas não conversamos muito nem nada parecido. Aquele vídeo foi uma lição de como a indústria de moda pode ser complexa. Colocaram-me em um biquíni de estampa de oncinha e botas de couro longas, com uma maquiagem tribal selvagem, em uma sala escura, enquanto luzes brilhavam sobre o meu corpo. Pensei: "Talvez minha mãe esteja certa, talvez esteja apenas sendo explorada". No fim, acabou sendo legal: na versão final do vídeo, sou uma criatura elusiva, escura, exótica que aparece por cerca de dez segundos, se tanto. Não tem nudez, mas chamou a atenção das pessoas e me fez conseguir mais trabalhos.

Depois o diretor de criação da revista *i-D* me contratou para posar para um anúncio que estava desenvolvendo para o Burger King. Deve ter gostado de mim, pois mencionou meu nome para outras pessoas do ramo.

Era muito melhor do que esfregar banheiros na BBC! Não ligava para o dinheiro, que às vezes eram centenas de libras por dia. Quando eu trabalhava, ganhava no mínimo o mesmo que ganhava nos meus outros empregos, menos glamorosos. O problema era a irregularidade.

Modelos são pagas por trabalho. O mais bem remunerado é aquele em que você assina um contrato com certo produto de moda ou beleza e se torna a "cara" da empresa. Esses contratos podem pagar milhões de dólares por ano. Em seguida vêm os desfiles, que pagam desde 500 dólares a muitos milhares deles, por cerca de cinco horas de trabalho. Não raro uma modelo pode fazer mais de um desfile em um dia.

Quando uma modelo é contratada por dia para fazer uma propaganda, ela não assina um contrato; ganha os mesmos valores pagos pelos desfiles, e esses trabalhos em geral duram três ou quatro dias. Por trabalhos para a televisão também se recebe o mesmo, mas há ainda mais dinheiro envolvido se o seu agente negociar *royalty*, para que você receba uma quantia toda vez que a propaganda for ao ar. O mundo da moda é uma loucura, e o que as modelos recebem parece ser incrivelmente exagerado até você descobrir que hoje em dia os fotógrafos de moda mais cotados chegam a receber com facilidade mais de 125 mil dólares por dia. Então, na verdade, as modelos não estão nem perto do topo da pirâmide.

O topo é muito estreito: apenas um grupo seleto de modelos, fotógrafos, estilistas de moda, maquiadores e cabeleireiros consegue estar lá em determinado momento. Para ganhar o máximo de dinheiro, têm de se manter com visibilidade na mídia e também ser superultramodernos. Significa que têm de produzir para revistas importantes matérias de moda muito mais criativas e ousadas do que qualquer coisa que se desenvolva em propagandas para empresas. É um jogo, na realidade, onde as empresas só querem contratar as pessoas de temperamento excêntrico e hipercriativas para as campanhas, mas não querem ser muito escandalosas, pois precisam vender os produtos.

O resultado é que as equipes de criação e modelos têm de fazer um trabalho *cool* em editoriais de revistas, para manter a credibilidade e atrair, assim, os trabalhos lucrativos oferecidos pelas empresas anunciantes. Uma vez que revistas como *Vogue*, *Elle* e *Harper's Bazaar* não têm o faturamento sem fim de empresas como Hermès, não pagam nada bem em comparação a esta última. Modelos, maquiadores e até mesmo fotógrafos aceitam fazer um editorial para essas revistas, que pagam às vezes apenas 150 dólares por dia, por saber que, se houver repercussão, o trabalho vai ajudá-los a ganhar dinheiro no futuro.

Esses trabalhos também são bons para modelos ainda não conhecidos que querem fazer nome. Nos meus primeiros meses de trabalho, só consegui editoriais ou ensaios fotográficos que fazia em troca de um pouco de dinheiro, se tivesse sorte, e fotos que minha agência poderia usar para incrementar o meu *book*. Era esse o portfólio – basicamente um álbum de fotos – que minha agência fazia circular entre os fotógrafos que estavam à procura de novas modelos.

Uma coisa é verdade: é possível uma modelo se tornar bastante conhecida em pouquíssimo tempo. Assim como existia o boca a boca para propagar as notícias nas aldeias do Sudão, existe um boca a boca no mundo da moda. Um estilista vê uma menina nova e conta para um maquiador, que conta para um diretor de *casting*, que por sua vez conta para um fotógrafo, e ele para o editor de uma revista, e logo, logo seu nome está na boca de todo mundo, de um lado para o outro do Atlântico. Tive a sorte de algo assim acontecer comigo cedo. Não significou muito dinheiro, porque ainda era uma modelo africana negra e os anunciantes não achavam que os consumidores responderiam bem a essa imagem, mas as pessoas que faziam as fotos – estilistas e fotógrafos – gostavam do meu *look*.

Um dia, cerca de seis meses após ter feito meu primeiro teste, meu agente me ligou e disse com voz trêmula que o fotógrafo Richard Avedon queria me fotografar em Nova York para algo chamado *Calendário Pirelli*. Achei a ideia de ir a Nova York o máximo, já que nunca havia estado em outro lugar que não o Sudão e Londres.

•

Deram-me as passagens e lá fui eu ao aeroporto. Como não tinha viajado de avião para lugar nenhum depois de ter chegado a Londres, vinda de Cartum, achei um pouco difícil me orientar no aeroporto. No fim consegui chegar ao balcão do *check-in*, mas, quando entreguei a passagem, fizeram uma careta.

Para ser admitida na Inglaterra como refugiada, tive de entregar meu passaporte sudanês para as autoridades britânicas e recebi de volta algo chamado "documento de viagem do Reino Unido". Era bem mais grosso do que um passaporte, e a capa era azul, com letras em preto, diferente do passaporte britânico comum, que era marrom. Dava muito na vista e, para mim, parecia um tanto suspeito. Mas eu não havia viajado para nenhum outro país desde que tinha chegado à Inglaterra, portanto não sabia que se exigia um visto de saída para os que possuíam esse tipo de documento.

Os oficiais me disseram que eu não poderia viajar sem o visto. Corri para um telefone público e liguei para meu agente. Ele não estava. Não consegui obter a papelada a tempo para a sessão de fotos, que aconteceria na manhã seguinte. Então, perdi o trabalho.

Mais tarde, foi um choque quando vim a saber que Richard Avedon era talvez o fotógrafo de moda mais famoso e respeitado do mundo, um homem que vinha tirando retratos desde a década de 1940 e que havia produzido livros jornalísticos brilhantes com escritores como James Baldwin e Truman Capote. Que grande oportunidade perdida! Quando descobri que o *Calendário Pirelli* exibia estrelas de cinema e *top models*, e era um dos trabalhos mais cobiçados pelas modelos, tive de me sentar e ficar a sós com meus pensamentos. Nem tanto por ter perdido o trabalho, mas porque esse grande fotógrafo e essa publicação inacreditável tinham me considerado boa o suficiente. Era um reconhecimento colossal para a minha carreira. Em 1999, quando fui fotografada por Herb Ritts para o *Calendário Pirelli*, lembrei-me de Avedon. Que jeito de começar uma carreira... justamente perdendo um trabalho com ele!

Depois do fiasco com Avedon, por algum tempo não aconteceu muita coisa. O trabalho era tão irregular que não conseguia prever quanto ia ganhar, mas havia despesas mesmo assim. O material da faculdade era absurdamente caro, e eu tinha de comprá-lo de qualquer maneira. Também precisava contribuir com o aluguel e a comida em casa. Tive de arrumar trabalhos de meio período, continuei frequentando a faculdade de artes e, à noite, tomava conta dos filhos da minha irmã.

Em meio a isso tudo, se conseguisse um teste ou um *go-see*, deveria reestruturar minha agenda complexa, às vezes perdendo aulas ou pedindo que um amigo me substituísse no trabalho. Nunca sabia o que esperar quando chegava ao estúdio. Lembro-me de uma sessão para a revista *The Face* na qual o fotógrafo me colocou de roupas pretas de borracha e com uma máscara, e me fez andar pelo estúdio imitando o Drácula. Se minha mãe soubesse daquilo teria posto um ponto final na minha carreira de modelo na hora!

•

Queria muito ser uma modelo bem-sucedida, e meu agente ajudou bastante. Ele acreditava em mim, embora, depois de nove meses visitando agências e fazendo fotos, minha carreira não estivesse indo tão bem quanto eu esperava. Precisava de dinheiro e, para ser franca, estava exausta de ir daqui pra lá e de lá pra cá o tempo todo. Sim, meu agente me dizia que tudo estava caminhando bem, mas ele não estava na minha pele. Para mim, era uma luta constante, e o *glamour* de ser uma modelo estava desaparecendo depressa. Liguei para ele e marquei uma reunião.

No ônibus, a caminho da agência, ensaiei meu discurso: "Fui muito feliz nessa minha vida de modelo, e você tem sido excelente, sempre me incentivando. Agradeço bastante, mas acho que não dá mais para continuar trabalhando desse jeito irregular, sem saber quanto vou ganhar de uma semana para a outra. Preciso de estabilidade. Então, a menos que possa me garantir um salário mensal, vou ter de parar. É uma questão de viabilidade".

É claro que, quando me sentei na sala de reuniões com meu agente, o assistente e mais algumas pessoas, fiquei um tanto ou quanto nervosa e meu discurso bem ensaiado saiu mais parecido com um apelo do que com uma exigência. Contudo, consegui expressar o que queria. Eles ficaram chocados. E eu fiquei espantada em ver como haviam ficado chocados.

— Alek, você tem noção de que nunca nenhuma outra garota nos pediu que fizéssemos algo desse tipo?

Disse que não tinha noção, mas que, também, não era outra garota qualquer. Eu era eu. E estava com dificuldades para lidar com as coisas do jeito que estavam indo.

Sei que o fato de nunca ter desejado desesperadamente ser modelo foi uma vantagem para mim. Nunca tive esse sonho, por isso, a ideia de desistir não me incomodava tanto assim.

— Alek, você já tem uma carreira e tanto! – meu agente disse, mencionando Avedon, Tina Turner e *Vibe*. — Já podemos vê-la fazendo diversos trabalhos para a televisão, fechando contratos com as grandes empresas de cosméticos no futuro. Podemos vê-la estampada nos *outdoors*. E em páginas duplas de revistas. Só leva algum tempo. Seria no mínimo muito incomum uma agência como a nossa garantir uma renda mínima para você antes de sua carreira se estabilizar. Amamos você de todo coração, mas acho que não podemos fazer isso.

Disse a eles que, nesse caso, encerraria minha carreira de modelo. Acho que a princípio não acreditaram, mas, após ter saído dali, não os procurei mais. Aceitei bem a minha decisão – a vida segue em frente.

Acho que eles não aceitaram tão bem assim, já que, algumas semanas depois de largar a agência, meu agente me chamou para uma reunião. Disse-me que, por enxergarem tanto potencial em mim, abririam uma exceção e me garantiriam dinheiro suficiente para viver. Algumas centenas de libras por mês, o que não era muito, mas me possibilitariam largar os outros empregos, menos atraentes.

Meu agente também me falou que era hora de ir a Nova York. "Uau!", pensei, enquanto caminhava para pegar o ônibus. "Nova York?"

•

Minha mãe ficou bastante impressionada com a minha ida a Nova York, mas não pareceu estar preocupada. Confiava que eu faria a coisa certa. Já tinha me mandado para o outro lado do mundo sozinha uma vez, mas nesse caso não haveria ninguém do outro lado para tomar conta de mim, a não ser a agente da Ford Models, que me representaria nos Estados Unidos.

Descer no aeroporto JFK à noite foi uma experiência incrível. Achei que tivesse visto de tudo após morar em Londres, mas Nova York estava sem dúvida em um patamar completamente diferente. Após aterrissarmos, peguei minha bagagem de mão, com roupas e outras coisas para uns três ou quatro dias, e lá fui eu. Ou não, pois o pessoal da imigração pensava diferente. Bateram o olho no meu passaporte de refugiada e me levaram para uma sala de espera, onde me interrogaram.

— Qual o objetivo da sua visita a Nova York?

— Sou modelo.

O homem me olhou com uma expressão de surpresa e indagação.

— Modelo?

Acho que eu não tinha a aparência típica de uma *top model.*

Tiraram minhas impressões digitais e uma foto. Os policiais eram frios e nada prestativos; fiquei com medo. Após duas horas, finalmente me deixaram ir embora. O aeroporto era uma bagunça caótica que me lembrava bem mais a África do que a organizada cidade de Londres. Peguei um táxi e parti, no crepúsculo de Nova York, em direção à esquina da East Sixth Street e Avenue B, onde a agência me alojaria em um "apartamento de modelos" com algumas outras aspirantes.

Ao me aproximar de Manhattan, não consegui acreditar na altura dos arranha-céus: o World Trade Center, o Empire State e o edifício da Chrysler formavam uma paisagem cintilante contra o sol poente. No segundo em que o táxi saiu do túnel Midtown, senti-me como se entrasse em uma espécie de selva. O ar quente e úmido do verão, sons estranhos vindo de portas, carros e aparelhos de som. Comecei a ficar nervosa, com a respiração pesada. Não queria que ninguém visse as marcas de suor na minha blusa. Enxuguei minha testa com a manga da roupa.

Uma moça jovem estava na janela do prédio, olhando para a rua, quando cheguei.

— Alek, você chegou! – ela berrou. — Sobe.

Parecia ser simpática, mas meu coração estava muito acelerado quando saí do táxi. Disse a mim mesma: "Em que eu fui me meter?". Ela veio me receber à porta e me deu as boas-vindas. O nome dela era Mora Rowe, a agente designada para cuidar das meninas. Viria a se tornar uma de minhas amigas mais queridas no mundo, mas, naquela hora, parecia uma alienígena estranhamente animada, cumprimentando-me com um sorriso largo e o sotaque californiano mais maluco que já havia ouvido.

— Putz, uau, você está aqui – disse ela. — Estou, putz, muito feliz em ver você.

O entusiasmo dela era contagiante.

Havia mais duas garotas no apartamento. Fiquei com o quarto do meio, que só tinha uma claraboia, porque era mais reservado que os outros. Não me importava com a ausência de janelas – com certeza já havia visto coisa pior nas minhas viagens.

No meu primeiro dia na cidade, quando saí do apartamento das modelos e pisei na rua, senti toda a energia de Nova York sobre mim. O apartamento ficava no bairro de East Village, que, naquela época, ainda era bastante barra-pesada em alguns pontos. Virei à esquerda quando saí do edifício e segui na direção leste, o que era em geral considerado uma temeridade. Um homem passou por mim e olhou bem dentro dos meus olhos, depois examinou meu corpo todo de cima a baixo, como se eu estivesse à venda. Tão descarado! Esse é o tipo de coisa que não acontecia em Londres. Na esquina, um enorme muro pichado fazia uma homenagem a alguém chamado Tyrone. O rosto dele estava pintado no muro, enfeitado com flores e cruzes. Ele morreu quando tinha apenas 17 anos. "Por quê?", me perguntei.

Mais adiante naquele quarteirão, cruzei com dois jovens que injetavam drogas um no outro. Tinha ouvido falar que as pessoas faziam isso, mas nunca havia presenciado algo assim em Londres. Pode parecer inacreditável, mas um deles assoviou quando passei, a agulha ainda pendurada na veia. Decidi que aquilo não era pra mim, então virei na esquina do quarteirão e andei em direção oposta. Ouvi uma mistura tão grande de sons durante aquela caminhada: salsa, *reggae*, até mesmo Fela Kuti, famoso músico nigeriano. As ruas estavam repletas de pessoas vendendo roupas usadas, fitas cassetes, CDs, livros, joias, tudo que se possa imaginar. Amei aquilo!

Naquela noite, Mora me chamou para sair.

— Putz, coloca isso aqui – ela disse, entregando-me um sarongue colorido. — Vamos fazer uma visita ao mundo porto-riquenho.

Não tinha a menor ideia de como se parecia um porto-riquenho, mas, pelo que ela me contou, eram bastante exóticos. Andamos em direção ao baixo leste da cidade. Era uma noite quente e havia diversas pessoas na rua, algumas dançando salsa. Era tudo muito festivo e eu ficava perguntando:

— São porto-riquenhos? Ele é porto-riquenho?

Mora riu. Com o tempo, aprendi que metade das pessoas do meu bairro era na verdade porto-riquenha. Eram apenas nova-iorquinos, como todo mundo.

Fomos a um pequeno restaurante mexicano na esquina das ruas Stanton e Ludlow. Era um lugar muito descolado, com pessoas simpáticas, de todos os tipos. O papo fluiu; Mora e eu flertamos com alguns homens e nos divertimos à beça. Foi uma experiência e tanto para mim, pois ainda era muito inexperiente e ingênua com relação aos homens.

Voltei ao apartamento bastante alegre e otimista quanto ao futuro.

Na manhã seguinte, Mora me deu alguns bilhetes do metrô e me mostrou como chegar ao primeiro apontamento. Fiquei preocupada com o fato de minha roupa não ser suficientemente boa para a ocasião. Usava uma calça jeans velha que minha irmã havia me dado. Ela comprara em um mercado de segunda mão em Londres.

— Meu Deus – Mora disse. — Onde você conseguiu essa calça Wrangler clássica? É maravilhosa!

Aquele comentário fez com que me sentisse muito bem. Para falar a verdade, aquela calça jeans me rendeu muitos comentários naqueles primeiros meses em Nova York. Uma mulher me ofereceu 200 pratas nela. Fiquei me perguntando: "Que mundo estranho é esse em que me meti?".

Peguei o metrô e, sabe-se lá como, encontrei o endereço que Mora havia me dado. Entrei em um *hall* sombrio e subi três lances de escada até o escritório de uma agência de *casting* para propagandas. Uma mulher de meia-idade estava sentada a uma mesinha. Mascando um chiclete, pegou meu *book* e deu uma olhada rápida. Em seguida me devolveu, abaixou a cabeça e continuou seu trabalho. Fiquei lá em pé por um minuto. Limpei a garganta. Ela olhou pra cima.

— Você é nova, certo?

— Sou – respondi. — Vocês são a primeira agência que visito em Nova York.

— Bom, é isso. Acabou pra você aqui.

— Vocês não precisam de mim?

— Não precisamos. Você não é o que estamos querendo.

"Nossa", pensei, "que perverso!". Como iria me acostumar à grosseria de Nova York?

Então ela olhou para mim com admiração, o que me pegou de surpresa.

— Ei, onde conseguiu essa calça Wrangler? É o máximo!

Saí de lá eufórica.

Naquela noite, vesti o sarongue de novo e um *top* exíguo, que havia trazido de Londres, e saí para caminhar. Esse era o tipo de traje que eu podia usar em Londres sem problema, mas em East Village eram outros quinhentos. Havia grupos de rapazes jovens e musculosos em quase todas as esquinas. Usavam camisetas regatas, bandanas, tênis volumosos e correntes de ouro. Gostaram da minha aparência.

— Ei, o que está segurando essa saia no lugar, garota? – um deles gritou.

— Ei, gracinha, você não se machucou quando caiu do céu? – completou outro.

Dei meia-volta e fui para casa me esconder no meu quarto.

— Qual é o problema, Alek? – Mora me perguntou.

Disse-lhe que ainda era virgem, que nunca havia tido um namorado e que estava chocada com a forma com que os homens na cidade falavam com as mulheres. Contei a ela que não faziam isso no Sudão, nem em Londres.

— É você nesse sarongue – ela explicou. — Com essas pernas compridas.

Quando saí de novo, usei jeans, mas não saía muito na verdade. O que gostava mesmo era de ligar o ventilador no meu quarto e sentir aquele vento soprar, enquanto dizia a mim mesma: “Esse é o clima do Sudão”.

Havia um sem-fim de meninas diferentes entrando e saindo dos quartos o tempo todo. Muitas delas passavam a noite toda fora, várias noites seguidas. Olhava para elas de manhã, de ressaca e com aspecto acabado, e refletia: "Graças a Deus que eu dormi, porque tenho muito que fazer hoje, querida".

•

Meus dias eram tomados por *go-sees*. De manhã, Mora me passava uma lista com vários horários marcados, mas durante o dia surgiam mais compromissos. Eu corria a cidade toda com meu *book* – às vezes para escritórios, outras para estúdios de fotógrafos ou revistas.

Às vezes ficava no lugar menos de dois minutos e outras vezes me pediam que fizesse um teste fotográfico. Nunca sabia o que esperar, a não ser rejeição. Essa parecia ser a única parte consistente da experiência.

Naquela época, as modelos que dominavam o mercado eram magras, mas tinham muitas curvas e o cabelo comprido e volumoso. A maioria possuía pele clara e cabelos claros. Esse era o *look* que vendia cosméticos, roupas, tudo. Os anunciantes tinham medo de tentar qualquer coisa diferente, e as revistas também. Tudo bem, Avedon havia me escolhido. Mas a classe média norte-americana não.

Nas raras ocasiões em que alguém de fato tirava um tempo para conversar comigo, eu me atrapalhava toda. Fui aos *go-sees*, às vezes 16 no mesmo dia, por duas semanas consecutivas. Toda noite eu voltava para casa e fazia um macarrão instantâneo ou sopa. De vez em quando Mora fazia uma comida italiana, como espaguete, por exemplo, e eu adorava.

Comprava também comida chinesa por alguns dólares, de um lugar na esquina, mas esse era um luxo e tanto. Tentava economizar o máximo de dinheiro possível, porque não estava ganhando nada ainda e dependia do adiantamento da agência para pagar o aluguel e outras despesas. Não queria me endividar muito.

Duzentos dólares duravam pelo menos um mês para mim. Nunca ia ao cinema ou museus. Comprei apenas uma roupa no primeiro ano. Andava pela rua e ficava pensando que gostaria de poder comprar algumas roupas. De repente, deparei com um drogado vendendo um monte de coisas expostas sobre um cobertor na calçada. Ele tinha uma blusa de raiom dos anos 1970, com uma gola parecida com a de camisa social; era maravilhosa. Tinha de ser minha.

— Uau! É só chegar em casa e lavar – falei.

Ele me olhou de um jeito estranho, e percebi que o havia magoado ao sugerir que as roupas dele eram sujas. Ele aceitou o meu dólar mesmo assim e levei a blusa, que me parecia muito chique. Ainda tenho a blusa – jamais vou me livrar dela, porque é uma roupa que amo. Até então lavava minhas roupas íntimas à mão, à noite, no apartamento das modelos; não ia à lavanderia.

As pessoas na agência Ford definitivamente achavam que eu tinha algo especial, mas não estavam seguras de que conseguiriam convencer os fotógrafos e anunciantes a se arriscar tanto a ponto de usar uma criatura tão "exótica" quanto eu. Quando diziam "exótica", queriam dizer negra africana. Era mais negra do que a maioria, e eles pareciam ter muito medo disso. A agência levava algumas das meninas hospedadas no apartamento para comprar roupas, mas a mim nunca ofereceram isso. Acho que não queriam arriscar perder o pequeno investimento. Mas Mora acreditava em mim o suficiente para me marcar compromissos todos os dias.

Não houve resultado algum e por fim a agência perdeu a esperança. Não achavam que ninguém fosse se interessar. Pediram que eu saísse do apartamento. Chorei de decepção, sentindo que tudo havia sido em vão e agora teria de voltar a Londres. Mora, no entanto, ficou do meu lado. Convidou-me, inclusive, para ficar no apartamento dela, no Brooklyn, por um tempo. Mudei-me para lá e continuei batalhando.

— Você só tem de encontrar a pessoa certa, que entenda o seu *look*, e então vai se tornar um sucesso. Tenho certeza! – dizia-me Mora.

Certo dia, ela me mandou para um teste na cobertura de um edifício no SoHo, para uma nova linha de produtos que estava sendo lançada por François Nars. Nunca tinha ouvido falar dele, embora fosse um maquiador tremendamente bem-sucedido.

— Já ouvi seu nome. Meu amigo da revista *i-D* me falou de você – disse ele.

Aquilo me fez perceber como as pessoas da moda são conectadas, e como a comunidade é pequena. Descobrir que um editor em Londres me promovia por aí fez com que começasse a me sentir parte do mundo da moda. Vesti uma camiseta branca e o próprio Nars aplicou nos meus lábios um batom vermelho bem forte, chamado Times Square. Foi essa toda a preparação para a foto. Ele acabou usando-a em sua campanha publicitária. Bem, o pessoal da Ford ficou muito contente com isso, e percebeu que, sim, as pessoas podiam usar uma modelo africana tão escura como eu para vender maquiagem. Foi uma grande vitória, e de repente ficaram mais interessados. Uma reviravolta ainda maior aconteceu algumas semanas depois, quando minha agente recebeu uma ligação do escritório de Steven Meisel.

Era um fotógrafo famoso, principalmente pelas fotos que havia tirado de Madonna para o seu livro *Sex*. Era o mais badalado do momento e vivia fotografando para a *Vogue* americana e várias outras revistas. Era bastante conhecido por procurar as caras mais novas no mercado e fotografá-las para os clientes. Havia transformado Linda Evangelista em estrela. A ligação dele causou de imediato um grande *frisson*.

Subitamente, o interesse do pessoal da Ford por mim aumentou. Mandaram-me para o *go-see* com um representante masculino da agência, que fez um escarcéu comprando flores caras para levar à reunião. Fiquei com vergonha, porque não faz muito meu estilo, mas, como era uma modelo novata, não havia nada que pudesse fazer.

No fim descobrimos que Meisel nunca vê as modelos na primeira visita. Foi a equipe dele que me atendeu e tirou algumas fotos polaroide, depois me mandou embora. Não pareceram ter ficado muito impressionados com o buquê. Pouco tempo depois, fui chamada para fazer fotos para a *Vogue* italiana, que é definitivamente o lugar de maior prestígio para uma modelo aparecer. E ia ser fotografada por Steven Meisel, em pessoa.

Nem tudo era perfeito, entretanto.

— Acham que você está gorda demais – Mora me contou. — Querem que você emagreça.

O quê? A minha vida toda me disseram que eu era

magra demais. Quase morri de fome algumas vezes, literalmente, durante os anos de maior dificuldade, e agora me diziam que estava gorda demais? No que o mundo estava se transformando? Essa é mesmo uma praga na vida das modelos, e só vem piorando nos últimos anos. Não importa o quanto esteja magra, alguém sempre vai achar que você poderia estar mais. Conheci muitas modelos que passaram fome de verdade, ficando desnutridas por semanas seguidas para se preparar para a passarela ou uma sessão de fotos. Sempre fica evidente quando alguém passa fome por muito tempo, porque a tendência é a pessoa ficar deprimida e abatida. Senti isso na pele, não porque tivesse de caber em um vestido, mas porque era refugiada. Não quero nunca mais me sentir assim.

— Sério, não se preocupe com isso – Mora disse. — Acham que você podia perder uns 2 quilos, mas você está bem. Você se alimenta direito; faz exercícios. E ainda é adolescente, então não esquenta a cabeça.

Não perdi peso algum.

Quando Meisel me chamou para uma entrevista cara a cara, me vesti da melhor forma que consegui e tentei não parecer muito nervosa. Ele se revelou um cara maravilhoso, tímido, bonito e muito educado. Pareceu gostar de mim. E não disse uma única palavra sobre eu estar gorda.

Quando voltei à agência, o pessoal da Ford estava em êxtase. De uma hora para outra havia ganhado a atenção de todos – minha primeira lição sobre a natureza instável da fama.

A sessão de fotos, por si só, no estúdio de Meisel em Nova York já foi uma experiência fantástica. O trabalho era sobre uma coleção de vestidos *Versace*, e eu era a única modelo na reportagem. Estava supernervosa. Entrei no estúdio, todo branco, e a estilista veio até mim. Devia estar na casa dos trinta, era bonita e de uma elegância impecável. Levou-me a uma arara comprida, de onde tirou um vestido vermelho, segurando-o na frente do meu corpo. Franziu as sobrancelhas e em seguida pegou um *top* e uma blusa azuis e colocou-os na minha frente. Então deu um sorriso, mas aí foi a vez do assistente, um homem inibido e quieto, franzir as sobrancelhas. Ela reavaliou o *look* e acabou por desaprová-lo também. Enfim chegaram a um consenso: usaria um vestido amarelo, simples. Adorei, mas, antes de vesti-lo, precisava fazer cabelo e maquiagem.

O cabeleireiro pôs uma peruca longa e brilhante na minha cabeça. Não achei que tivesse caído bem, em particular após ter colocado o vestido. Tinham me dito que Steven era muito bom, então tentei não me preocupar e refleti que devia saber o que era melhor. Fiquei em frente a um pano de fundo branco, com as luzes acesas em cima de mim, e ele em uma cadeira, me olhando.

— Quer saber? – disse depois de um tempo. — Tira a peruca.

O cabeleireiro tirou. Em seguida Steven pegou a câmera e olhou para mim.

— Você está pronta? – perguntou.

— O quê?

— É só colocar um pouco de *gloss* nos seus lábios, e pronto. Você está perfeita.

O maquiador veio e fez a mágica sugerida por ele.

— Quero que faça o que sentir vontade – Steven pediu.

O assistente dele colocou uma música.

— Está falando sério? – perguntei, quase gargalhando.

— Seriíssimo.

Senti-me livre de repente. Comecei a dançar e foi então que percebi a genialidade daquele homem. Ele só havia permitido que fosse eu mesma. Não fiquei inibida. Fizemos uma foto atrás da outra, eu dançando livremente, com brincos de argola. Vestidos curtos, com uma manga, duas mangas. Não tenho a menor ideia de onde surgiu a inspiração, mas as fotos ficaram ótimas. A relação entre modelo e fotógrafo pode ser uma fonte incrível de energia, que flui durante o processo e pode ser vista no resultado final.

Depois disso, peguei um voo para casa e fui ver minha mãe e pôr o papo em dia com o meu agente em Londres. Todos os outros *bookers* da agência começaram repentinamente a mostrar muito respeito por mim. Era como se tivesse me casado com um príncipe.

— Você fez um trabalho para a *Vogue* italiana? Com o Steven? Não acredito que em tão pouco tempo você chegou tão longe!

Pois é... "Vocês não acreditavam que eu fosse chegar lá, não é?", pensei.

Mais ou menos nessa época, Mora resolveu sair da Ford. Ela não tinha outro emprego, então em pouco tempo ficou sem dinheiro. Agora era minha vez de ajudá-la: tinha feito alguns bons trabalhos fazia pouco tempo e havia guardado uma boa quantia. Dei alguns milhares de dólares para ajudá-la a segurar as pontas. Nunca vi ninguém ser mais grato. Mora sempre foi minha heroína. Ela me deu tudo e cuidou de mim durante todo o tempo. Senti que devia isso a ela.

Eu mesma estava muito desiludida com a Ford. Sentia que nunca haviam me entendido bem, mesmo que estivesse fazendo bons trabalhos. Era como se não soubessem o que fazer com a garota dinka.

Quando a *Vogue* italiana foi publicada alguns meses depois, mal consegui acreditar nas fotos. Meisel havia feito um trabalho fantástico. Ele é um fotógrafo incrivelmente talentoso e de alma muito generosa.

— Não via alguém tão interessante, tão negra e tão linda há muito tempo – ele comentou a um repórter.

Steven me fotografou vestindo *Versace*, mas só fui conhecer Gianni Versace em pessoa alguns anos depois, em uma festa após um desfile em Paris, quando ele me contou que havia gostado imensamente do meu trabalho na matéria da *Vogue* italiana. Era um homem muito simpático. Alguns meses mais tarde, estava em um estúdio em Nova York quando o locutor da rádio anunciou que Versace havia sido baleado em frente à sua mansão em Miami Beach. Estava retocando a maquiagem após ter trocado de roupa quando ouvi a notícia. O maquiador deixou o pincel cair no chão. Todos ficaram profundamente chocados e ninguém sabia se ele tinha sobrevivido ao atentado ou não. Continuamos fazendo as fotos, mas a cabeça de todo mundo estava distante dali.

Mesmo depois que a morte foi confirmada, ninguém conseguia aceitar a notícia.

Tinha visto muita morte e destruição na vida, mas essa era diferente. Esse caso me levou a considerar de novo como as pessoas eram malucas. E também a perceber como a vida é frágil – você pode estar aqui hoje e, no minuto seguinte, algo terrível pode acontecer. Apesar de viver a vida tão intensamente, ela havia sido tirada dele.

Nunca havia sentido medo em Londres ou em Nova York, porque associava violência à guerra. Depois desse episódio, comecei a assistir a programas de TV sobre crimes e me assustava por qualquer barulhinho que ouvisse à noite. Levei um bom tempo para relaxar de novo.

•

Foi tão bom estar de volta a Londres! Acostumei-me com rapidez ao estilo de vida sudanês de novo: morar com a minha mãe e comer cozido de quiabo seco. Todas as coisas que eu amava. Minha mãe e as amigas estavam começando a ver que minha carreira era real, e não uma exploração. Passaram a sentir orgulho de mim. Fui até convidada para fazer uma palestra no centro comunitário do Sudão sobre o trabalho de modelo. Agora algumas sudanesas mais jovens estão trabalhando também como modelos.

Por algum tempo, viajava de Londres a Nova York sempre que aparecia um trabalho. Tentava agendar em uma mesma viagem trabalhos de editoriais, que não pagavam muito mais do que 100 dólares por dia, e trabalhos publicitários, que às vezes me pagavam 8 mil dólares por dia – de onde tinha de tirar a comissão da agência. Assim, a passagem cobria ambos. Era mais econômico voar ida e volta do que alugar um apartamento em Nova York. Em Londres, havia a casa da minha mãe, e em Nova York hospedava-me em hotéis ou na casa de Mora. Muitas vezes as empresas que me contratavam pagavam minha passagem aérea, portanto era um arranjo que funcionava muito bem. Após algum tempo, com o aumento da frequência de oferta de trabalhos, ficou claro que teria de permanecer em Nova York por tempo integral. As idas e vindas estavam ficando excessivas.

Saí da agência Ford Models e entrei na International Management Group, ou IMG. Mora trabalhava lá e decidi acompanhá-la, pois sentia que ela me entendia melhor do que qualquer outro agente que já tivesse conhecido.

Estava tão ocupada que aluguei logo um apartamento mais ou menos do tamanho de uma minivan, no baixo leste da cidade. Dormi sobre um cobertor no chão de madeira por seis semanas, já que não havia tempo nem para comprar uma cama. Sentia-me como se estivesse de volta à aldeia, na cabana, e não gostei nem um pouco da sensação. Comprei um sofá-cama de estilo japonês em uma loja na esquina da minha casa. Queriam me cobrar 35 dólares para entregá-lo em casa, então eu mesma busquei na loja e o carreguei pela calçada e escada acima, chegando a receber o incentivo de alguns caras que passaram por mim na rua.

— Amiga, você é forte à beça! – um deles me disse admirado.

Depois desse episódio, passou a me chamar de "forte amiga" toda vez que me via.

Como minha renda era muito irregular e eu nunca sabia quando ia arrumar outro trabalho, tentava economizar cada centavo. Sério, eu era econômica demais. Sempre fiz mais o estilo pão-dura, preferindo ter dinheiro guardado no banco, caso passasse por situações difíceis, a viver uma vida excêntrica.

Também vivia de lá pra cá atrás de trabalho. As pessoas acham que quando se é modelo pode-se apenas ficar de braços cruzados, aproveitando o *glamour*, e que os trabalhos e o dinheiro vão vir correndo bater à porta. Na realidade, é preciso trabalhar duro e tratar a carreira com seriedade, como em qualquer tipo de trabalho. Fui a tantos apontamentos que não consigo me lembrar nem da metade. Embora sempre tenha amado Nova York, a cidade parecia uma selva para mim. Andava pelas ruas pensando em quem ia saltar detrás de um arbusto e me atacar. Que agente haveria de me devorar. Quem iria arruinar a minha carreira. Era muito estressante. Já havia estado no meio do mato, mas o que vivia agora, no fundo, não era muito mais fácil. Embora tenha me ajudado a manter o foco.

No decorrer dos anos, vi muitas colegas de profissão serem consumidas pela farra. Quando você é uma menina bonita em Nova York, sempre tem alguém que leva você para sair e lhe dá bebidas ou drogas em troca apenas de estar na sua companhia. Várias meninas se perdem, fazendo da vida uma festa sem fim. Era fácil demais. Lembro-me de certa tarde em que estava andando pela Broadway quando um cara bonito, com *dreadlocks* no cabelo, veio até mim falando rápido. Queria que eu fosse para a festa que ele e a banda estavam dando. Deu-me um convite e, quando voltei ao apartamento, Mora e eu demos uma olhada no papel que havia me dado. Descobrimos que era um dos membros da Wu-Tang Clan, um dos maiores grupos de *rap* em Nova York naquela época.

Fiquei lisonjeada, mas não fui. Tinha muita coisa para fazer na manhã seguinte. Não queria que todo o esforço fosse em vão. Na minha cabeça, sempre vinha a imagem da minha mãe dizendo: "O que está fazendo? Está desperdiçando seu tempo? Olha o trabalho, menina!". Também me lembrava do meu pai. Ele sempre dizia: "Veja bem, Alek, você não tem de ser cientista, nem médica, nem advogada. Mas, seja lá o que escolher fazer, deve ser com amor. Você tem de manter o foco e perseverar. A vida não é um jogo, embora possa ser divertida".

Eu me diverti e consegui bons trabalhos. E, embora não soubesse, estava prestes a mudar o conceito de beleza e do ideal de modelos nos Estados Unidos.

Capítulo 9

Quer goste disso ou não, minha pele me define. A primeira coisa que muitas pessoas reparam em mim é na cor escura de minha pele. Não apenas na América ou na Europa, mas, embora menos, também no Sudão. Em Cartum, minha pele me marcava como sendo do Sul, uma provável dinka, e vários dos habitantes da cidade que tinham a pele mais clara me olhavam com desprezo. O racismo existe em toda parte.

Se estivesse vivendo em Darfur, onde o governo sudanês está cometendo atrocidades inomináveis, minha pele me marcaria como sendo *zurca*, "preta suja". As milícias árabes, que são financiadas e dirigidas pelos líderes violentos em Cartum, talvez lançassem de aviões barris de petróleo repletos de explosivos e estilhaços sobre a minha aldeia, ou viriam sobre camelos para me estuprar, me marcar a ferro quente e me aterrorizar. Tudo isso porque sou negra. E eles são menos negros, apesar de mais escuros do que a maior parte dos europeus.

O tom da pele é algo complicado.

Descobri que nos Estados Unidos muitos afro-americanos de pele mais escura idolatram ou criticam outros afro-americanos de pele mais clara. Que obsessão é essa com os pigmentos? Os cientistas dizem que a pigmentação da pele é em grande parte uma questão de geografia; as pessoas que vivem em regiões ensolaradas, como a faixa do equador, vão desenvolver, no decorrer de gerações, pele mais escura, como proteção aos raios solares. As pessoas que vivem em regiões mais ao Norte terão, no decorrer das gerações, pele mais clara, como uma forma mais eficaz de aproveitar os escassos raios solares na produção de vitamina D. A biologia é de fato bem simples. É uma pena que a sociologia não seja.

Minha pele tanto me ajudou quanto me ofendeu na minha carreira. Em 1997, o fotógrafo escocês Albert Watson me ofereceu um trabalho. Já havia fotografado de tudo, desde retratos de Keith Richards até cachorros olhando pelo vidro traseiro de um *station wagon* antigo, no deserto de Las Vegas. Quando cheguei ao sofisticado estúdio na Washington Street, no sul da ilha de Manhattan, deparei com uma xícara de café branca e gigantesca, maior do que um carro, apoiada de lado sobre o chão, no meio do estúdio. As fotos eram para um calendário que seria publicado pela Lavazza, empresa italiana que comercializava café. Eu deveria posar na beira da xícara. Minha pele representaria o café *espresso*.

Albert era um homem maravilhoso, e logo se estabeleceu um ótimo vínculo entre nós, mas, quando me pediram que tirasse a roupa, fiquei muito nervosa. Não me sentia à vontade com a ideia de posar nua. Albert me prometeu que o trabalho seria de bom gosto e disse que eu poderia ficar de calcinha. A maquiadora passou uma espécie de óleo na minha pele para realçar o brilho dela, e o cabeleireiro colocou um lírio branco enorme na minha cabeça, que me fez ficar parecida com Carmem Miranda. Tive de lembrar a mim mesma que esse era o meu primeiro grande trabalho – estava ganhando 8 mil dólares pelas fotos, dinheiro suficiente para pagar à agência os 6 mil dólares que eu devia por aluguéis pagos até ali e adiantamentos em dinheiro.

Quando pisei no chão do estúdio, passou pela minha cabeça que os temores de minha mãe haviam se tornado realidade: estava posando nua por dinheiro. Quase saí do *set*. Estava tão nervosa que não conseguia nem pensar direito. Mas sentei-me na xícara e cruzei as pernas. Minhas mãos suavam; esforcei-me para não tremer enquanto Albert tirava as fotos.

As fotos ficaram lindas, e sou grata por ter tido a chance de trabalhar com Albert Watson tão cedo na minha carreira. Mas, conforme o tempo passa, e me torno mais consciente das relações raciais na América e na Europa, não tenho como deixar de compará-las às imagens de pessoas negras que têm sido usadas em marketing no decorrer das décadas. Havia o habitante beiçudo da floresta nas xícaras pretas de cerâmica vendidas nos anos 1940; figuras de bonecos negros estereotipados que eram distribuídos como brindes junto com geleias; o Little Black Sambo, personagem infantil de Helen Bannerman, que decorava as paredes de uma rede de restaurantes norte-americanos nos anos 1960; e Uncle Ben, cuja imagem aparentemente amigável continua vendendo arroz.

Tenho certeza de que não é de propósito que as pessoas criam essas imagens de certa forma depreciativas, mas todos nós carregamos ideias inconscientes, e acho que a campanha da Lavazza reflete a maneira como estereotipamos as pessoas. Mas, ora, fiz porque quis – e fiquei contente em ter trabalho. Entretanto, após algum tempo, comecei a ficar cansada de ser vista apenas como uma "beleza negra".

Por exemplo, no vídeo *GoldenEye* de Tina Turner, apareço como uma figura sombria e misteriosa, como uma visão de *O Coração das Trevas*. Em outros trabalhos, os fotógrafos quiseram que eu posasse sobre sofás com estampa de onça, que mais parecia retirada da fantasia do Tarzan, escolhidos por um decorador, ou empunhando lanças. Percebi que os jornalistas gostavam de dizer com frequência que eu tinha sido descoberta "no meio do mato", na África. Como se eu fosse uma ingênua primitiva andando a pé pela floresta quando a grande agente de modelos me arrancou da imundície e me adestrou, sem destruir, contudo, minha natureza selvagem. Ora, estava usando uma calça jeans no Cristal Palace Park, em Londres, quando fui "descoberta". O mato mais perto dali era uma azaleia muito bem cuidada. Sou africana, mas não primitiva.

No início, as pessoas no mercado da moda pareciam não acreditar que pudesse fazer qualquer trabalho que não exigisse traços "negros". Isso me magoou bastante. Olhava as ruas de Nova York e via que ser americano significava ter cabelos cacheados, cabelos lisos, pele escura, pele clara, lábios grandes, lábios finos, ser magra ou ter curvas – gente de tudo que é jeito. Até onde sei, existem mulheres bonitas no mundo todo, sejam elas indianas de olhos castanhos, americanas de olhos azuis ou alguém de olhos verdes cujo pai é da Mongólia e a mãe, da Suécia. Também sabia que a maioria das pessoas não era tão limitada na sua visão de mundo a ponto de reagir apenas a imagens que tivessem a mesma cor de pele delas.

Ninguém nunca disse na minha cara que meus olhos eram esbugalhados demais, ou que meu corpo era comprido demais, ou ainda que meu cabelo era crespo demais, mas eu era muitas vezes recebida nos *go-sees* com uma expressão de perplexidade. As pessoas sussurravam e balançavam a cabeça. No meu coração, eu dizia: "Vou provar que vocês todos estão errados. Um dia vão ver que não sou só uma modelo para um determinado *look*. Não sou um ser de outro planeta, ouviram bem?!".

É por isso que era tão bom ter Mora do meu lado. Ela acreditava em mim. Quando lhe disse que não queria mais atender telefonemas de fotógrafos atrás de "garotas negras", ela compreendeu. Existe algo de muito desrespeitoso nesse tipo de convocação genérica. Não queria fazer trabalhos que fizessem uma discriminação com base na cor da pele, ou que colocassem todas as garotas negras como uma coisa só. Pense nisto: que modelos viriam à sua mente se alguém pedisse "modelos brancas"? Seria difícil escolher, certo? Queria trabalhar com pessoas que fossem criativas o suficiente para enxergarem além dessa visão unidimensional do mundo. Mora concordou. Por que limitar tudo à cor preta?

•

A beleza é um conceito subjetivo. Na minha infância, nunca me achei bonita. Parecia-me com minhas irmãs e com a maior parte das outras meninas dinkas. Éramos todas escuras, altas e flexíveis. E eu tinha o problema da psoríase: as poucas vezes em que me olhei no espelho, não fiquei feliz com o que vi.

Acho graça hoje em dia quando as pessoas se referem a mim como tendo um aspecto "africano". A África não é um país; é um continente imenso, repleto de vários tipos diferentes de pessoas. O Egito faz parte da África. Madagascar também fica na África. Somos todos diferentes. Por exemplo, os habitantes da Etiópia, na maioria, nunca seriam confundidos com alguém da Costa do Marfim. Temos africanos de pele clara e escura. Pessoas altas e baixas. Não existe um padrão de beleza para a África.

Enfim, os grandes estilistas parecem compreender que existe beleza na África. Todos tiraram inspiração do Marrocos, das Montanhas Nuba, de todas as partes do continente. A influência africana revela-se presente com certa frequência nas coleções de Galliano, Ralph Lauren, todos eles, que fazem bom uso da inspiração. Então, usar modelos que não são loiras nem pálidas não deveria ser algo assim tão impensável.

• • •

O fotógrafo Gilles Bensimon percebeu isso em 1997. Naquela época, Gilles era o diretor de criação da *Elle* norte-americana. A revista estava na vanguarda da moda e desafiava constantemente noções padronizadas de beleza e mercado.

Gilles e eu nos conhecemos um dia em que ambos estávamos trabalhando em Los Angeles. Nenhum dos dois sabia que acabaríamos criando uma foto que mudaria a minha vida, bem como os padrões segundo os quais a beleza era julgada nos Estados Unidos.

Ele tinha ouvido falar de mim por causa de um *go-see* que tive na *Elle*, em Nova York. Periodicamente, visitava todas as grandes revistas. Eles tiravam fotos polaroide e colocavam na parede. Quando iam fazer uma matéria, os editores se reuniam com os fotógrafos para escolher as modelos que combinassem melhor com as roupas. Gilles viu as fotos em Nova York, mas me ligou quando tinha uma sessão marcada em Los Angeles, em um pequeno restaurante com um *jukebox* sofisticado. Gilles colocou músicas de Elvis no *jukebox* e dançou com passos extravagantes. Eu adorei – achei-o hilário. Normalmente, sou bastante tímida na primeira vez que trabalho com alguém, mas eu e Gilles nos demos muito bem de primeira.

Apesar do estilo de vida em que apostava alto, sob certos aspectos era um homem muito realista e pé no chão. Após aquela sessão, ele continuou me chamando para outros trabalhos. Fui a São Bartolomeu algumas vezes, e para os Hamptons, onde fiz sessões de fotos na praia. Em um desses trabalhos, uma estilista quase pisou em uma cobra e toda a equipe entrou em pânico. Eu só achei graça. Cobras não me assustam mais. Acho que Gilles gostou disso.

Ele era pintor como eu, e com frequência nossa conversa girava em torno da pintura e da satisfação que sentíamos ao usar os pincéis e tinta a óleo. Toda vez que ia ao estúdio, minha atenção se voltava para um quadro em particular em que ele trabalhava. Disse-lhe que gostava muito daquele quadro. Anos depois, voltei ao estúdio e a obra ainda estava lá.

— Você sempre gostou deste. Por que não leva pra você? – sugeriu.

Assinou a obra, e agora tenho esse quadro tão vibrante e encantador na minha casa.

Continuamos trabalhando, e minha imagem estava constantemente nas páginas da *Elle*, o que era ótimo. Mas, curiosamente, as outras meninas com quem ele também sempre trabalhava volta e meia estavam estampadas na capa. Ser capa de revista é um acontecimento importante na indústria da moda. Significa que você chegou lá, e rende muitos trabalhos depois. Pessoas que em geral não reparariam em você nas páginas de uma revista com certeza a notarão na capa. Vão achar que você está em alta. Se o presidente de uma grande empresa gostar do que vê, pode basear uma campanha em você. É muito importante conseguir as capas. E eu nunca tinha tido uma. Mora e eu começamos a ficar bastante frustradas. Um ano se passou. Quase toda capa da *Elle* trazia uma garota de pele branquíssima. Minha agente fez um telefonema.

— Quero uma capa, Gilles – ela disse. — Está na hora. Ela já fez muitas fotos para as páginas internas. Não é justo. Só porque ela é africana. Vocês não têm coragem.

Todos sabíamos que o pessoal de marketing tinha medo de expor mulheres de pele escura nas capas das revistas de moda. Haviam dados de pesquisas indicando, segundo a interpretação deles, que as pessoas não comprariam as revistas a não ser que a mulher na capa fosse branca ou tivesse traços americanos "tradicionais". Em 1968, Katiti Kironde II foi a primeira modelo negra a estampar a capa da revista *Glamour College*, e desde então poucas outras tinham alcançado as capas. A *Elle* havia publicado mulheres negras na capa algumas vezes, como Naomi Campbell, por exemplo, mas elas sempre tinham traços mais ou menos "aceitáveis". Nenhuma delas se parecia comigo.

Continuamos atazanando Gilles. Ele exercia forte influência na revista, mas a decisão não era dele. É óbvio que gostava da minha aparência, pois usava minha imagem com muita frequência nas páginas da revista, mas a gerência tinha receio de perder dinheiro se me colocasse na capa. Por fim, decidiram correr o risco.

Gilles ligou para Mora. Deu tudo certo e foi a sessão de fotos mais rápida que já havia feito. Ele me vestiu com uma jaqueta Armani toda branca, aberta até o umbigo. Ficou fazendo graça à minha volta como de costume, e eu, sorrindo e dando gargalhadas.

— Continue sorrindo, mas fique parada um pouquinho – ele pediu.

Parei.

Ele tirou a foto.

E foi a foto da minha primeira capa. Fiquei bem orgulhosa com o resultado. Na foto, estou em um ângulo tal que o meu peito aparece por baixo da jaqueta aberta. Mas não que revele nada mais do que a própria pele. Estou olhando diretamente para a lente da máquina com um meio sorriso no rosto. Ficou elegante e simples ao mesmo tempo. Gilles não tentou esconder minhas características naturais: meus lábios grossos, minha pele, meu cabelo crespo. A foto ficou magnífica, impressa sobre um fundo todo branco com letras douradas.

A edição vendeu absurdamente e parece que todos os jornais e revistas nos Estados Unidos falaram sobre como a capa desafiava a concepção tradicional de beleza. O *New York Times* entrevistou Gilles.

— O lema é: "Ninguém está excluído; todos fazem parte" – ele disse.

A resposta do leitor foi impressionante. Milhares de mulheres, e uma quantidade razoável de homens, escreveram para elogiar a capa. Eram chineses, americanos nativos, afro-americanos, caucasianos, indianos, brasileiros, guatemaltecos, franceses, ingleses e islandeses. Quase todos diziam ter achado a foto da capa libertadora.

— Ei, obrigada por *me* colocar na capa. Enfim tenho alguém com quem me identificar – uma garota escreveu.

— Legal – escreveu um outro. — Sou um adolescente branco, mas senti que ter a Alek Wek na capa significa que o mundo está se tornando um lugar mais abrangente. Continuem assim!

Oprah Winfrey chegou a me convidar para o programa dela. Esse foi um dos momentos áureos da minha vida, pois ela é uma mulher muito inteligente e generosa. Ela falou sobre como havia sido a experiência de crescer em uma cultura que não valorizava a raça negra, e que estimulava todos, independentemente das características naturais, a se adequar à imagem da beleza americana branca.

— Hoje é um novo dia, América – ela proclamou ao público televisivo. — Se na minha juventude você estivesse estampada na capa de uma revista, eu teria tido um conceito totalmente diferente de quem eu era.

Aquela capa me levou a um patamar de fama que jamais poderia ter imaginado. Senti aquela virada como algo de muito positivo: eu tinha voz de verdade agora. De repente, simbolizava, para muitas pessoas, uma espécie de libertação da tirania da moda. Lembro-me de estar andando pela Fourteenth Street em Nova York certa tarde quando uma enfermeira correu até onde estava e me disse:

— Geralmente, não gosto de modelos. Mas você é simplesmente incrível. Você é real.

Perto da minha casa no Brooklyn as meninas me paravam na rua para me dar um abraço. Pessoas totalmente desconhecidas. Havia matérias em todas as revistas e reportagens na TV. Até mesmo pessoas que não ligavam para moda falavam sobre a capa. Fiquei tão surpresa! Algumas vezes me senti meio que como uma aberração.

As portas começaram a se abrir com mais facilidade depois disso, mas ainda enfrentava uma espécie de racismo institucional dentro da indústria da moda. Não que a maior parte das pessoas fosse conscientemente racista – eles não iam a reuniões do Ku-Klux-Klan nem nada parecido. Apenas seguiam uma série de suposições que haviam sido passadas a elas. Por exemplo, durante a minha segunda temporada nas passarelas, queria trabalhar com Karl Lagerfeld, mas o pessoal de Paris disse que eu não era a pessoa certa para ele, o que queria dizer, é claro, que eu era "exótica" demais. Achavam que Chanel não tinha nada a ver com exotismo – ou pele escura.

Dei um jeitinho de marcar uma visita, e Lagerfeld disse que eu era perfeita. Karl é um gênio criativo e nunca para de trabalhar nem de pensar; definitivamente, não é alguém que vá ficar preso ao passado. Disse-me que achava que meus traços e *look* representavam o futuro da moda e me colocou na passarela para a Chanel. Fiz muitos trabalhos para Karl e, mais tarde, quando iniciei meu negócio de bolsas, contei com conselhos dele.

Alguns anos atrás, Karl me pediu que trabalhasse nos desfiles da Chanel em Paris. Era uma honra tão grande estar lá de novo! E, quando me colocou no vestido de noiva, que tradicionalmente encerra cada desfile, senti uma emoção indescritível.

— Os padrões de beleza mudaram, e ela é a expressão da modernidade na beleza – Lagerfeld disse no ateliê em Paris a um repórter de televisão. — É importante contarmos com ela, porque o mundo não é apenas feito de louro básico.

•

Uma situação parecida aconteceu com John Galliano, o estilista britânico de intensa criatividade. Trabalhei com ele muitas vezes, e sempre nos demos bem. Mais ou menos quatro anos depois do início da minha carreira, ele assumiu o comando na Dior. Nunca havia feito nada para a Dior e achei que seria uma excelente oportunidade.

Insisti para que minha agente em Paris conseguisse marcar uma hora com ele. Mais uma vez, as pessoas achavam que eu não serviria. Não conseguia entender. Achava que eles podiam pelo menos me ver vestindo suas criações antes de me descartar. Então atormentei todo mundo até que enfim me disseram:

— Quer saber? Ótimo. Manda então ela para um teste.

Quando cheguei, encontrei-o profundamente envolvido com renda. Tudo era com renda. Renda branca, rosa, azul-bebê, acompanhadas de chapéus dos anos 1930 e broches de camafeu. Eles me deram para experimentar uma roupa com um véu azul-bebê coberto de lantejoulas, e também um chapéu e muitas joias. Fui até onde John e outras pessoas estavam, e eles pediram:

— Ande de um lado para o outro.

Quando comecei a andar, pude sentir. Estava maravilhosa. É uma sensação que eu tenho vez ou outra.

Podia ver nos olhos deles: estavam se entreolhando. Estava na expectativa que me contratassem. Então Galliano sorriu, e eu quase desmaiei.

Não disseram uma única palavra. Apenas tiraram uma foto polaroide e me mandaram embora.

Meu telefone tocou quando estava a caminho do metrô.

— Ele adorou você! – Mora disse.

A capa da *Elle* ajudou um bocado, mas não fez com que ser uma modelo negra fosse um mar de rosas. No entanto, é verdade que minha carreira progrediu rapidamente depois de vencida essa barreira de "cor da capa". E por que não? São negócios, na realidade. As pessoas começaram a perceber que o dinheiro não tem cor. Minha imagem podia vender tão bem quanto a imagem de qualquer outra *top model*. Com o tempo, seria considerada a "modelo da década" pela revista *i-D*; uma das "cinquenta pessoas mais bonitas do mundo" pela revista *People*; e "um dos rostos mais influentes da indústria da moda" de acordo tanto com a *i-D* quanto com a revista *Frank*.

•

Não gosto de reclamar. Minha vida é muito bem-sucedida, mas posso descrever o que é ser uma mulher negra no mundo moderno. No Sudão, não prestava muita atenção a raças até ir para Cartum. Quando me mudei para a Inglaterra, as crianças na escola me chamavam de "preta tição", e a maior parte dos brancos me ignorava completamente ou me tratava como se eu fosse uma espécime exótica que despertava medo ou pena.

Em Nova York, lido com reações tão variadas que é difícil prever o que vai acontecer em um dia qualquer. Muitas pessoas – homens e mulheres, jovens e velhos, de todas as raças – me reconhecem e me dizem coisas positivas. Na rua, alguns homens africanos vendem produtos, como falsificações de bolsas e relógios, e, quando passo pela Canal Street, falam comigo em línguas que não entendo. Acham que sou do povo deles, mas sou dinka, do Sudão. Em Paris, um rapaz africano correu até onde eu estava.

— Você é de Perl. Você é de Perl – disse-me.

E eu respondi:

— Não, não sou.

Baseado apenas na minha aparência, ele tinha certeza da minha origem, mas estava completamente enganado. Sequer sabia que lugar era aquele. Quando contei esse episódio à minha mãe, ela disse que alguns acreditam que o povo dinka tenha um parentesco longínquo com o povo de Perl.

Acontecem as coisas mais inusitadas. Certa vez, em uma estação de trem, uma mulher se aproximou de mim e insistiu que eu era Waris Dirie, modelo da Somália, que havia escrito um livro chamado *Flor do deserto*. Disse que estava lisonjeada, pois ela é linda e escreveu um livro maravilhoso, mas que eu era outra pessoa. As pessoas me confundem a toda hora com Naomi Campbell. Isso, para mim, é ridículo – não somos nada parecidas.

Não faz muito tempo, andava por uma rua em Fort Greene, Brooklyn, não muito longe da minha casa, com o meu namorado, Riccardo Sala. Ele é italiano, tem a pele clara e mais ou menos 1,80 metro de altura. É um cara muito legal, e já está acostumado com o olhar nada sutil das pessoas que nos julgam um casal estranho quando andamos na rua. Um dia, estávamos indo tomar café da manhã, de mãos dadas, quando um carro repleto de homens com cabelos rastafári reduziu a velocidade ao passar por nós.

— Traidora! Vendida! – um dos homens gritou para mim com forte sotaque das Antilhas.

Aparentemente, não gostou de ver uma modelo africana de mãos dadas com um homem branco.

Riccardo não se importou. Ele entende. Continuamos andando, de cabeça erguida.

•

Às vezes os estereótipos atingem níveis mais graves, e são desrespeitosos, a ponto de me enfurecerem. Certa vez, aterrissei no aeroporto JFK após fazer vários trabalhos na Europa. Viajo com passaporte britânico, mas tenho um *green card*, que me permite viver e trabalhar nos Estados Unidos, com a maior parte dos direitos de um cidadão naturalizado. Pago muitos impostos, tenho uma casa e negócios com a minha coleção de bolsas aqui. Está na cara que não estou ilegal no país.

Quando cheguei à imigração, o funcionário do Departamento de Segurança da Pátria me olhou de cima a baixo e analisou meu passaporte com extremo cuidado.

Pensei: "De novo, não". Aprendi a não dizer nada nessas situações. Não existe nada que você possa dizer que vá ajudar, e, ao contrário, muito do que fizer pode irritar os oficiais da imigração. Já fui detida várias vezes. Percebi que, por ser uma mulher negra (muito) bem-sucedida, represento algo que desperta hostilidade e suspeita em muitas pessoas, negras ou brancas, homens ou mulheres. Mas ainda fico perplexa que isso aconteça nos Estados Unidos e na Europa, onde as pessoas teoricamente receberam boa educação e são sofisticadas.

Voltando à imigração: mandaram que me encaminhasse a uma salinha reservada para suspeitos de terrorismo, imigrantes ilegais etc. Já tinha passado por lá. Tiraram uma foto minha. Depois checaram mais uma vez meu *green card*. Checaram minhas impressões digitais uma vez, depois de novo. Agiram com muita desconfiança, frieza e rigidez. Fiquei detida lá por duas horas e meia. Havia acabado de chegar de Frankfurt na classe executiva. Usava roupas elegantes e uma bolsa da minha coleção, que tinha até mesmo uma plaquinha de metal com o meu nome escrito. Portava todos os documentos direitinho. E, mesmo assim, me seguraram lá todo esse tempo. Por que sou negra? Não tenho como provar, mas a experiência me diz que a cor da minha pele tem a ver com isso.

Algumas semanas mais tarde, estava a caminho de outro trabalho. Tinha de voar para Munique, depois Frankfurt, e em seguida de volta a Nova York, tudo em um espaço de tempo de seis dias. Estava cansada, por isso entrei na sala VIP do JFK ávida por tomar uma xícara de chá em paz enquanto esperava pelo voo. O homem no balcão me examinou com o olhar quando lhe entreguei meu bilhete de embarque. Passou o bilhete na máquina e disse:

— Fique à vontade.

Apoiei minha bolsa e me servi de uma xícara de chá. Ao tomar o primeiro gole, surgiu uma voz no alto-falante:

— Senhorita Alek Wek, por favor, dirija-se à recepção.

Olhei dentro da bolsa para me certificar de que não havia esquecido minha passagem na recepção. Estava na bolsa. Então me dirigi ao balcão.

— Você me chamou?

O funcionário não desgrudou os olhos do computador. Fiquei lá parada por um momento. Enfim, encarou-me com uma expressão condescendente.

— Estive olhando seus dados – disse-me ele.

— Sim?

— Deixe-me ver sua passagem de novo.

Entreguei a passagem.

— Tem certeza de que comprou ou fez um *upgrade* da sua passagem para a classe executiva?

— Você viu. Fiz o *check-in* com ela.

— Receio que não tenha acesso à sala VIP – ele me disse, encarando-me de cima a baixo.

Sabia que o problema não era com a passagem. Era comigo.

— O que você quer dizer?

— Estou dizendo que receio não poder permitir que permaneça nesta sala.

Por um momento, fiquei sem fala.

— De onde você é? – ele indagou.

— O que isso tem a ver? Tenho uma passagem em classe executiva e quero tomar uma xícara de chá, e depois vou sair daqui e você pode cuidar da sua vida como bem entender. Mas, agora, faça o favor de me deixar em paz.

Fiquei furiosa. Voltei ao meu assento para não começar a gritar com ele. Sempre viajo com as mesmas companhias aéreas. Uso a mesma agência de viagens. Esse cara estava procurando encrenca. Procurava uma forma de me depreciar, de me fazer sentir pequena. Não gostei nem um pouquinho daquilo. Foi humilhante, e não acho que ele tentaria armar essa para cima de um homem, em particular se fosse branco.

Fiquei lá sentada por alguns minutos. Estava possessa. De repente, o homem apareceu e me entregou o bilhete.

— Está tudo certo – ele confirmou.

— Não, não está tudo certo – respondi.

— O quê?

— Você não tem o direito de me questionar dessa maneira. Quis insinuar que não mereço um assento bom. Que talvez eu não tenha condições de pagar por ele. Que posso não ser boa o suficiente para voar para a Europa na classe executiva. E por que tudo isso? Por que escolheu a mim entre todas essas pessoas? Será que é porque sou negra?

Ele ficou em silêncio. Depois foi embora. Enfim consegui terminar meu chá. Enquanto isso, o turno desse funcionário deve ter terminado, pois, quando saí, ele não estava à porta. No lugar dele estava uma jovem afro-americana com cabelos longos e bonitos.

— Alek Wek! – cumprimentou-me animada. — Como você está?

Já a tinha visto muitas vezes antes enquanto esperava pelos meus voos. Era uma menina adorável. Tive um voo tranquilo e agradável para Londres depois disso.

Por incrível que possa parecer, quando voltei dessa maratona de viagens, o Departamento de Segurança da Pátria me barrou mais uma vez. Estava cansada. Sentia-me insultada. Não entendia o que estava acontecendo. Havia acabado de passar por isso poucas semanas antes. Era o mesmo homem que tinha me interrogado da última vez. Desta vez, o interrogatório girou em torno das minhas viagens. Por que estive na África? Ele olhou cada página do meu passaporte. Por que havia estado no Egito no ano anterior? Por que isso? Por que aquilo?

— Sou modelo. Viajo a trabalho – expliquei.

Ele me olhou de cima a baixo como se não acreditasse em mim. Fiquei me perguntando se Cindy Crawford teria esse tipo de problema.

— Por que você está me interrogando?

— Para sua própria segurança.

— Não me sinto nem um pouco protegida.

Lá dentro é como uma cadeia. Você não pode usar o telefone para pedir ajuda. Eles não lhe dizem por que você está sendo detido. Mais uma hora se passou. Fui até ele e disse saber quais eram os meus direitos.

— Seus direitos? – ele me devolveu um sorriso irônico.

Enfim, após duas horas e meia, carimbou meu passaporte.

— Pensei que você fosse Naomi Campbell – disse um outro oficial.

Apenas balancei a cabeça negativamente e fui embora. Não consegui dizer sequer um "obrigada".

Enquanto esperava pela minha bagagem, uma mulher se aproximou de mim.

— Sabe, você parece muito com uma modelo. Ela é da África. Tem o cabelo bem curto e se parece demais com você.

— Sério? – falei.

— Sério – ela respondeu. — É impressionante.

Estava cansada demais para conversar com ela. Mas me senti grata pelo interesse que demonstrou.

Entrei no carro e deixei todas as experiências ruins da viagem para trás. Não queria remoer aqueles pensamentos negativos. Tento nunca pegar o mesmo caminho duas vezes. É o jeito dinka. Se seguir a mesma trilha, vai acabar no mesmo lugar, ou pior. Deixo que os outros lidem com seus problemas, e sigo adiante. Tenho uma vida toda pela frente.

Capítulo 10

Mora me ligou em uma bela manhã de sábado e começou a falar sobre apartamentos. Bens imobiliários são uma obsessão para todos os nova-iorquinos, já que é tão difícil encontrar bons apartamentos. Estávamos no início do inverno e eu pagava mais de mil dólares por mês por um moquifo de 3 por 5 metros no baixo leste da cidade. O proprietário pôs uma parede tão fina quanto uma folha de papel no meio de um estúdio, classificou-o como um apartamento de um dormitório e colocou o preço do aluguel nas alturas. A cozinha tinha uma pia rachada e um fogão de três bocas. As paredes do prédio eram tão finas que conseguia ouvir meus vizinhos pigarreando. Tinha a sensação de estar jogando dinheiro pela janela.

— Vem dar uma olhada no Brooklyn – convidou Mora. — Há casas ótimas aqui e são bem mais baratas.

Fiquei entusiasmada com a ideia. Sempre gostei do bairro dela. Ganhava mais dinheiro do que já tinha visto na vida e talvez conseguisse achar um lugar bacana por lá. Num impulso de momento, peguei o trem A para Clinton Hill, que, na época, em 1998, estava no estágio inicial de um processo de valorização e revitalização que acabaria tornando Clinton Hill, e também o bairro vizinho, Fort Greene, um dos lugares mais legais do Brooklyn. É claro que, naquela época, não tínhamos como saber o que aconteceria com os preços dos imóveis no Brooklyn nos anos seguintes. A maioria dos moradores de Manhattan de então ainda via a região como um lugar distante, barra-pesada, e não o lugar *cool* e disputado que se tornou hoje.

Mora e eu compartilhávamos a paixão por andar de carro pela cidade, ouvindo música e conhecendo lugares que nunca havíamos visto antes. O dia prometia ser muito gostoso, mesmo que não encontrássemos uma casa. Entramos no carro dela e fomos até um cruzamento em Fort Greene onde corretores punham anúncios nas janelas. Por algum motivo, meus olhos foram atraídos para uma categoria apenas: imóveis à venda.

— Essa é bonita – disse Mora, apontando para uma casa geminada de tijolinho à vista que estava à venda por 395 mil dólares.

— Está de brincadeira? Você sabe que não tenho nem perto disso no banco.

— Você pega um empréstimo, Alek. Faz uma hipoteca.

— De jeito nenhum!

Na cultura dinka, pegar dinheiro emprestado é algo praticamente impensável. Minha mãe sempre enfatizou que uma pessoa nunca deve comprar nada que não esteja a seu alcance, que não possa pagar à vista. Essa ideia de fazer uma hipoteca era tão estranha para mim que não conseguia entender nada: você pega 100 mil dólares emprestados e acaba pagando ao banco 200 mil ao fim do período do empréstimo? A meu ver, era ridículo.

— A gente pega uma lista de casas e vai ver algumas – Mora sugeriu. — Olhar não arranca pedaço.

— Tudo bem. Mas não vou comprar nada que não tenha dinheiro para pagar.

Pegamos o carro e demos uma olhada em umas dez casas naquela manhã. Demos muita risada, porque a maioria das casas era horrível. Não conseguíamos entender como as pessoas viviam nelas. Uma das casas fedia tanto por causa dos dez gatos do proprietário, que não consegui nem entrar em alguns cômodos. Outra estava tão torta para a esquerda que achei que pudesse tombar. A outra parecia ser tão insegura, com as janelas no nível da rua, que me dava medo de um ladrão arrombar a casa assim que o caminhão de mudança chegasse.

Fiquei pensando, durante todo o tempo, como poderia pagar por uma casa. Como? Mora fez parecer que aquilo era muito simples, embora pudesse intimidar. Se desse uma entrada de 10%, poderia pagar o resto em prestações mensais, até que tivesse mais de cinquenta anos de idade. Parecia maluquice, mas percebi que não era tanta maluquice quanto pagar aluguel.

Quando paramos o carro para visitar a última casa do dia, vi que era aquela de tijolinho à vista que havia me chamado a atenção na janela da imobiliária. Por alguma razão, me fazia lembrar da casa onde morei durante a infância em Wau, embora elas não fossem nem um pouco parecidas. Era uma sensação, uma energia que o lugar tinha, que meu coração sentia. A casa dizia "lar".

A caminho da entrada da casa, a corretora disse:

— Olha, já vou avisando vocês: essa casa é bem pequena. Quase todas as outras nesse quarteirão são imensas. Não quero que fiquem decepcionadas.

Quando entramos, meus olhos se arregalaram. "Legal", pensei.

— Está completamente reformada – Mora me disse baixinho.

— Não seria fantástico ter uma casa? – falei.

Já podia sentir que meus receios cediam espaço ao desejo.

Subimos para o segundo andar e, quando avistei a sala com o pé-direito alto, uma lareira linda e o sol entrando pelas janelas, que iam do chão ao teto, deixei escapar em voz alta:

— Ai, meu Deus!

A corretora sorriu. Dava para ver o quanto eu havia gostado da casa.

— Vamos ver o último andar – ela sugeriu.

Lancei um olhar de surpresa para Mora.

— Você não sabia que tinha mais um andar?

Mal conseguia acreditar. Achei que já tínhamos visto tudo. Mora me puxou para falar em particular.

— Alek, você tem de morar nesta casa. É a sua cara – disse-me.

— É uma pena que não tenha dinheiro para pagar – respondi. — Ela custa quase 400 mil dólares!

— E daí? Você está trabalhando tanto! Não tem por que não ter a própria casa.

A corretora disse que havia outra pessoa interessada na casa, e que não demoraria a ser vendida.

No carro, Mora falou:

— Você vai comprar essa casa.

Era quase Natal, e havia planejado ir a Londres ver minha mãe.

— Cancele a viagem – foi a orientação de Mora.

Foi assim que fiz. Mora me ajudou no processo de compra da casa. Arrumamos um avaliador para vistoriá-la e depois pedi a meu contador e consultor de negócios, que morava em Cleveland, que desse início à papelada. Durante esse processo, entendi melhor como funciona a hipoteca. Felizmente, confiava nele.

Ele ficou chocado com o preço.

— Em Cleveland, você compraria uma casa com piscina e garagem para quatro carros por esse valor.

— Bem, aqui é Nova York, não Ohio. Tenho certeza de que, se fôssemos para Tombuctu, dava para comprar um quarteirão inteiro da cidade com esse dinheiro. Mas não quero morar em nenhum dos dois lugares.

Ele não me deixou fazer a oferta até ver a casa. Era um cara tão bacana que pegou um avião lá de Ohio só para checar o imóvel. Subiu a escada até o telhado, olhou em volta e disse:

— É responsabilidade demais para você.

Disse a ele que já pagava 1.200 dólares por mês de aluguel, mais todas as despesas, por um cubículo em Manhattan.

— Você quer muito esta casa, não quer?

— Quero. Não vou desistir.

Até eu estava surpresa ao perceber o quanto queria aquela casa.

— Então, muito bem. Se é assim, deixe-me começar a trabalhar na papelada.

Ao ver a avaliação do imóvel, ele percebeu que estava fazendo um negócio justo.

No fim das contas, o outro provável comprador viajou no Natal. Fiquei em Nova York, dei os 10% de entrada e comprei a casa. De repente, tinha uma hipoteca que me custava mais do que meu aluguel. Mais tarde, consegui refinanciar a hipoteca para quitá-la em 15 anos. "Uau", pensei, "quando tiver quarenta anos, esse lugar vai ser meu pra valer." De uma hora para outra, fazia parte da comunidade, tinha hipoteca para pagar e canos para consertar.

Comprei mobília, mas não muita coisa. Depois, quando estava fazendo umas fotos para a empresa Coach, fabricante de produtos de couro, sugeri que me pagassem em móveis. Eles deram dois sofás lindos de couro para a minha sala. A casa me deu mais motivação para investir na carreira. Comecei a perceber que, se precisasse de dinheiro, era só trabalhar e conseguir. Minhas necessidades seriam satisfeitas. Também comecei a dedicar mais tempo à minha pintura, agora que havia espaço suficiente para deixar um cômodo inteiro como estúdio.

Mais uma vez, minha vida mudava com rapidez. Em pouco tempo, ficou claro que, como o Brooklyn era um lugar tão grande, teria de aprender a dirigir também. Enquanto morava no Sudão, havia andado de carro pouquíssimas vezes. E, na minha vida inteira, nunca havia dirigido um. Inscrevi-me em uma autoescola. Achei bem difícil, mas também divertido. É provável que quase tenha matado o instrutor de susto, mas, no fim, aprendi. Após passar no teste, comprei meu próprio jipe e me tornei a primeira pessoa da minha família a ter um carro.

Quando minha mãe veio me visitar e viu minha casa e meu carro, comentou:

— Bem-vinda aos Estados Unidos, Alek.

Nem ela acreditava. Sempre havíamos sonhado em ter uma casa própria. E aqui estava ela. Era modesta. Mas havia conquistado o que tantos imigrantes almejavam ao vir para os Estados Unidos. Na parede de casa, estava pendurado um retrato do meu pai que pintei. É preto, branco e cinza, com mais ou menos 1,20 metro de altura. Sempre que olho para aquele quadro, sinto-me em casa.

•

Apesar de tudo, faltava alguma coisa na minha vida. Via histórias sobre o Sudão na TV, em particular uma série de reportagens sobre os "Meninos Perdidos", e meu coração doía pelo meu país de origem. Os Meninos Perdidos do Sudão era um programa social do Comitê Internacional de Resgate que visava reintegrar meninos sudaneses que haviam perdido lares e famílias na guerra. Os meninos haviam se juntado em grandes grupos e fugido mato adentro para escapar das milícias que, com o apoio do governo, atacavam todas as aldeias no Sul do Sudão.

Alguns deles fizeram jornadas épicas, cruzando o país e chegando à Etiópia e ao Quênia, em geral sem dinheiro nenhum e com pouquíssima comida – um garoto andou nu por centenas de quilômetros, porque não conseguia encontrar nenhuma roupa para vestir. Havia mais meninos do que meninas, pois estas eram, com mais frequência, sequestradas ou assassinadas com a família.

Cerca de 4 mil desses garotos foram trazidos para os Estados Unidos. Sentia muito por essas crianças, e, como estava atraindo tanta publicidade, pensei que talvez pudesse conscientizar a América e a Europa do drama enfrentado no Sudão. Tantas revistas de moda e jornais estavam escrevendo sobre mim. Percebi que era muita sorte ter um espaço na mídia, e não queria desperdiçar essa chance. Sabia que não podia apenas sentar de braços cruzados na minha bela casa, usufruir dos frutos do meu trabalho e sorte. Sentia culpa também: por que estava viva e tão bem de vida enquanto tantos dos meus compatriotas sofriam?

Era o ano de 1999 e a situação no meu país estava absolutamente atroz. Os soldados do governo e as milícias ateavam fogo em aldeias dinkas inteiras, às vezes obrigando mulheres e crianças a permanecer dentro das cabanas para morrerem queimadas. Os assassinos vinham em grupos, montados em camelos, chegavam em alta velocidade e decepavam os membros dos que ali estavam. Era aterrorizante. Não via esperanças e, tendo sido também uma refugiada, sentia-me vulnerável apesar de todo o meu sucesso. Uma vez que se é obrigado a abandonar a própria casa, nunca mais se tem a sensação plena de que o mundo é um lugar seguro, não importa para onde a vida o leve. Já havia visto tanta morte e destruição que não conseguia acreditar que o amanhã estivesse garantido.

Não queria viver uma vida onde tudo girasse em torno de mim. Não era o meu estilo, mas não sabia bem como explorar a publicidade que recebia para chamar a atenção ao Sudão. Meus amigos sempre se mostravam muito interessados quando falava sobre o que estava acontecendo lá:

— Você quer dizer que as pessoas estão morrendo de fome no Sudão?

— Estão. E estão sendo assassinadas. Suas casas são incendiadas.

— Por que nunca ouço ninguém falar a respeito?

Achei que era uma boa pergunta. E decidi mudar essa realidade.

Toda vez que alguém me entrevistava, eu contava a minha história e falava do Sudão. Os jornalistas normalmente queriam saber da passarela, das fotos, do *glamour*. Eu dava um pouco do que queriam, para prender a atenção deles, e então os envolvia em histórias sobre a África. Eles começaram a publicar. Um artigo do *New York Times* chamou a atenção de muita gente, inclusive de alguém do Comitê Americano para Refugiados e Imigrantes.

Escreveram uma carta solicitando minha ajuda. Estavam oferecendo uma esperança. Também acreditavam na possibilidade de um futuro melhor. Aquela oportunidade caiu do céu.

— Essas pessoas são incríveis – Mora me contou quando leu a carta.

Reuni-me com o grupo, e me pediram que fosse a porta-voz deles. Disseram até que poderíamos ir ao Sudão juntos. Comecei contando a minha história em escolas, na região de Nova York. As crianças ficavam superatentas ao que eu dizia, e faziam muitas perguntas. Quase nunca pareciam entender por que algo tão terrível assim havia acontecido. E isso me fez perceber que eu também não entendia muito bem.

Estava certa de que podíamos melhorar as coisas. Lembrei-me de quando era criança e a Unicef foi a Wau para construir poços que possibilitavam que toda a cidade tivesse acesso à água limpa. Fez tanta diferença na nossa vida! Mais poços eram necessários, por todo o Sudão, e em particular nas áreas rurais, onde as pessoas, muitas vezes, ainda precisam caminhar por duas horas para conseguir água potável.

Mora e eu fomos a Washington D.C. para uma reunião com Roger Winter, presidente do Comitê Americano para Refugiados e Imigrantes. Estava muito nervosa. Meu *background* não havia me dado preparo suficiente para lidar com pessoas importantes, e não estava nem um pouco confiante de que daria certo. Mas no fim ele se revelou uma pessoa maravilhosa. Falava do Sudão com paixão e sabia muito mais do que eu sobre a situação no meu próprio país. Caí de amores por ele.

Quando se ofereceu para me levar ao Sudão, para que a publicidade ajudasse a conscientizar o mundo inteiro da situação, disse que não podia ir. Havia entregado meu passaporte sudanês aos britânicos e achava que isso poderia provocar a ira do governo do Sudão. Tinha medo de que, se me pegassem, nunca mais me deixassem ir embora, visto que eu era uma refugiada famosa.

Tive uma crise de choro em pleno escritório quando ele começou a falar sobre voltar ao Sudão, porque isso trouxe de volta um mar de lembranças. Quase dez anos haviam se passado desde que deixara Cartum, e a ideia de viajar para lá me assustava. Mora chorou comigo, por empatia, mas, quanto mais pensava no assunto, mais percebia que tinha de encarar meu país de novo, enfrentar o medo.

A situação lá estava péssima. O presidente Bashir havia imposto regras ainda mais duras para os não muçulmanos, e, pouco depois, declarara que as mulheres não podiam mais trabalhar em público. O presidente Clinton havia ordenado recentemente que uma fábrica farmacêutica fosse bombardeada, pois os norte-americanos acreditavam que havia conexão da fábrica com o terrorismo. Não conseguia deixar de pensar no que teria acontecido comigo se tivesse permanecido no meu país: estupro, morte, escravidão. Senti vontade de gritar, mas percebi que a melhor forma era fazer com que os outros ouvissem no mundo todo. Conseguiria alcançar grandes resultados se voltasse lá e atraísse publicidade para o Comitê.

Roger Winter me disse para pensar no assunto. Enquanto eu e Mora ainda estávamos em Washington, fomos convidadas a ir à Casa Branca. Não conhecemos o presidente Clinton, mas tivemos uma ideia de como funcionam as coisas por dentro daquele lugar incrível. Em outro dia, um membro do Congresso americano me convidou para discutir sobre voos entre os Estados Unidos e a África, e, naquela reunião, conheci Hillary Clinton. Ela me impressionou com sua força; eu a admiro muitíssimo. Pensei em todas as dificuldades pelas quais ela havia passado. Decidi dizer sim à viagem ao Sudão.

O pessoal do Comitê disse que, infelizmente, a viagem não abrangeria nenhum dos lugares onde meus familiares viviam. E, também, como a minha volta era ilegal, teríamos de passar pelo Quênia, com a permissão dos soldados do Exército de Libertação do Povo Sudanês, que controlavam a fronteira.

No meu voo de volta a Nova York, pensei no Sudão e em como estava longe de casa. Em Nova York, a comunidade sudanesa não é muito expressiva, por isso raramente via meus compatriotas. Sentia falta deles. Em Londres, minha família tinha um grupo enorme de amigos sudaneses. Na minha última viagem para lá, minha mãe reuniu um grupo de mulheres e festejamos com músicas e conversas. Elas sabiam que eu era um sucesso agora, mas não me tratavam diferente. Estavam felizes e orgulhosas, é claro, mas não faziam estardalhaço. As mais velhas ainda viviam de forma muito tradicional, mesmo em Londres. Para a minha mãe, a comunidade servia como uma âncora. Ela tinha amigas que haviam crescido do mesmo jeito que ela e entendiam tudo por que havia passado. Não falavam sobre como era andar pela floresta com os filhos para escapar de assassinos, nem sobre a sensação de ver o marido morrendo por falta de cuidados médicos. Em vez disso, trocavam dicas de como secar melhor o quiabo em panelas no fogão, em vez de sob o sol tropical. Reuniam-se e faziam cozidos e *kissra*. Essa ligação era muito importante para elas.

Também fiquei contente em rever todas as pessoas com que costumava sair. Ainda me sentia fortemente ligada àquela comunidade. Em termos psicológicos, era muito importante para mim estar ligada aos companheiros dinkas, embora as pessoas da minha idade estivessem fazendo coisas completamente diferentes, adaptadas ao novo mundo. Por exemplo, uma de minhas muitas primas veio de uma aldeia para Londres, cursou a faculdade lá e conheceu um homem da Irlanda. Casaram-se e tiveram um lindo bebê dinka-irlandês. No início, as mulheres dinkas de mais idade, da geração da minha mãe, faziam fofocas, pois ela havia se casado fora da cultura dela, mas acabaram por aceitá-la e hoje seu bebê é considerado também um verdadeiro dinka.

Certa noite, fui ver alguns jovens músicos sudaneses que estavam gravando em um estúdio de Londres. Uma garota cantava, enquanto um rapaz tocava teclado. Foi ótimo. Ela tinha em torno de 1,85 metro de altura, era linda e usava um vestido envelope de Diane von Furstenberg e sapatos vermelhos. Perto dela, sentia-me uma coisinha insignificante. Ela havia acabado de ter uma reunião muito bem-sucedida com um executivo de uma gravadora e comprara uma garrafa de champanhe para comemorar. Dei-me conta de como estávamos longe de onde todos nós tínhamos crescido. Então, um rapaz do Zimbábue entrou. Havia acabado de fazer uma gravação. Fora soldado mirim na África e nos mostrou as marcas dos tiros que tinha levado. Era uma loucura. Todos vivíamos no mundo moderno, mas havíamos experimentado a violência do mundo retrógrado na África. Na manhã seguinte, peguei um voo para Nova York bem cedo. Depois que o avião pousou, fui direto para minha casa, descansar até a manhã seguinte, quando teria uma sessão de fotos. Mora me ligou para dizer que havia decidido ir comigo ao Sudão e para me contar que o Comitê Americano para Refugiados e Imigrantes e a ONG Visão Mundial

Internacional iam juntar esforços para nos mandar para lá. Liguei para minha mãe e dei as boas notícias.

— Alek, trate de ficar em casa – ela ordenou.

— Mas, mãe, tenho de ir – argumentei.

— É perigoso demais. Vão matar você e Mora.

— Estaremos em segurança. É importante.

No fim, ela cedeu.

— Tente visitar a minha irmã, se der – pediu minha mãe.

Faltou coragem para lhe contar que o Comitê já tinha dito que isso não estava incluído na programação.

• • •

Meu aniversário de 21 anos se aproximava, e as pessoas estavam ficando animadas com isso. Nunca comemorei meu aniversário no Sudão; primeiro porque nem sabia qual era o dia do meu aniversário de verdade e segundo porque não tínhamos o costume de celebrar aniversários lá. Na Inglaterra, adaptamo-nos à cultura, e tínhamos um pequeno bolo nos aniversários, mas nada extravagante. Em Nova York, já havia ido a algumas festas de aniversário grandiosas e sempre ficava um pouco espantada com todo o champanhe e celebração. As pessoas, inclusive Mora, tentavam me convencer a realizar uma comemoração. Decidi organizar uma festa de aniversário para arrecadar fundos para o Comitê Americano para Refugiados e Imigrantes.

A empresária do setor de casas noturnas, Amy Sacco, ofereceu-nos seu novo empreendimento, Lot 61, para a realização do evento, e Mora convenceu um DJ da rádio Hot

97 a doar seu tempo e equipamento. Minhas amigas que são modelos, como Carolyn Murphy e Bridget Hall, compareceram, mas o melhor de tudo foi que minha irmã veio do Canadá, e minha prima de 2 metros de altura, que deixou todos impressionados, de Washington, D.C. Além de membros do Comitê Americano para Refugiados e Imigrantes, também estavam presentes pessoas de várias outras organizações de caridade, então foi uma bela mistura de gente: moda, mídia e trabalhos solidários. Projetamos imagens do Sudão nas paredes e dançamos até tarde da noite. Todos tiveram de pagar 20 dólares para entrar, como doação. Levantamos mais de 6 mil dólares naquela noite.

Pouco tempo depois, o pessoal do Comitê nos informou que teríamos de tomar algumas vacinas antes de viajar.

— Mas sou do Sudão – falei. — Não preciso de injeção nenhuma. Já estive exposta a tudo.

— Fale com o médico – disseram-me.

Mora e eu fomos a uma clínica de medicina tropical em Nova York, e o médico nos assustou pra valer. Disse que, devido ao longo tempo que estive longe, precisaria me proteger, pois qualquer imunidade natural já teria desaparecido. Mora, sem dúvida alguma, precisava de proteção. Falaram-nos sobre todas as doenças horríveis que ocorriam nas áreas que iríamos visitar. Tinha o micetoma, uma infecção crônica que destrói a pele; a esquistossomose, doença infecciosa que pode abrir erupções cor de caramelo sobre a barriga inchada; a tuberculose, um dos principais problemas de saúde no meu país; a leishmaniose, doença parasítica transmitida por mosquitos; hanseníase; malária – bem, eu sabia de tudo isso – e... os olhos de Mora estavam arregalados.

— Pode me dar tudo que achar que eu preciso – disse ela.

O médico olhou para mim.

— Estou com ela – falei.

Nossos braços ficaram inchados de tantas vacinas, e tivemos de tirar as calças para que pudessem enfiar agulhas enormes nos músculos da coxa para injetar imunoglobulina, que ajuda na prevenção da hepatite. Foi necessário retornar à clínica mais duas vezes. Uma loucura. Havia tomado pouquíssimas injeções na vida, e agora estava cheia de furos.

Enfim, estávamos prontas para a viagem.

— O que devo colocar na mala? – perguntou Mora.

— Vai estar quente – foi tudo que disse. — E não vai ser chique.

Um dia, após o trabalho, Mora, Roger Winter e eu fomos ao aeroporto, a caminho da África. A essa altura, já me acostumara a voar na classe executiva, ou até na primeira classe, quando se tratava de voos longos. É impressionante a rapidez com que fiquei "mal-acostumada", e tenho de admitir que adorava todo o mimo. Para essa viagem, no entanto, não queríamos desperdiçar dinheiro do Comitê, então viajamos na classe econômica. O destino final do avião era Nairóbi, com várias escalas no caminho. Depois de descermos em Nairóbi, trocamos de aeronave e embarcamos em um pequeno avião a hélice para Lokichoggio, perto da fronteira com o Sudão. De lá, fomos de carro, mais precisamente de Land Rovers, para um aeroporto menor, de onde pegaríamos um voo para cruzar a fronteira. O avião teve de voar em alta altitude, por medida de prevenção, no caso de o exército sudanês resolver atirar e derrubá-lo, mas logo nos vimos descendo em uma pista de terra, numa cidade chamada Marial.

À medida que nos aproximamos do solo, um grupo de crianças começou a correr em direção ao avião. Fiquei com medo de que fôssemos atropelá-los. Quando descemos na pista, as crianças gritaram para mim e Mora.

— Awai, awai, awai!

— O que estão dizendo? – Mora me perguntou.

— Sal. Estão dizendo: "Sal, sal, sal!". Sal vale como se fosse ouro por aqui.

Então começaram a gargalhar, dizendo "*kawajè*" e apontando para Mora.

— Significa "branca" – expliquei.

Olharam-me vestida com minha calça jeans, minhas botas Timberland, a regata em tom forte de azul e meu lenço Louis Vuitton na cabeça, e ficaram de queixo caído.

— Não acredito que ela é dinka – uma menina falou.

— Isso mesmo, sou dinka – disse —, mas ela não – continuei, apontando para Mora. — Ela é americana.

•

Sorrimos para mascarar o quanto era doloroso ver essas crianças, que pareciam desesperadas, assustadas, confusas pela guerra.

— Temos de nos apressar, Alek – falou o organizador da viagem. — Tivemos uma mudança nos planos. Nossa rota original era muito perigosa, então agora vamos para Tonj.

— Tonj? Mas é de lá que é a família da minha mãe!

Fiquei tão animada! Talvez desse pra ver a minha tia.

— Mande uma mensagem pelo rádio se puder – pedi. — Diga-lhes que estamos chegando.

A viagem para Tonj foi algo bastante curioso, porque a área que estávamos atravessando era controlada pelos rebeldes do Exército da Libertação do Povo Sudanês, e não pelo governo do Sudão. Grupos rebeldes são em geral tidos como bandidos cruéis, foras da lei, mas esses homens, em seus uniformes simples, foram mais educados do que muitos oficiais da imigração com quem deparei em aeroportos ao redor do mundo. Chegaram a preencher para nós os documentos de viagem, para que não fôssemos detidos por outros membros do mesmo movimento rebelde dentro do país. Compreendiam que nosso objetivo era ajudar as pessoas mais carentes no país. Não estávamos interessados na política da guerra.

No primeiro dia, os carros ficaram tão atolados na lama que foi preciso que todos saíssem para empurrar as Land Rovers para um solo mais firme.

— Não podem chamar um reboque? – Mora perguntou.

Sabia que ela estava brincando; estávamos no meio do nada, sem ninguém para nos ajudar.

Mora era valente, fazia muitas caminhadas e gostava de acampar. Uma vez até me convidou para pular de *bungee jump* da ponte do Brooklyn com ela e mais alguns amigos.

— Nem pensar – respondi na época. — Saí do Sudão para salvar a minha pele... Eu é que não vou arriscar minha vida com um bando de lunáticos em Nova York!

— Covarde – ela me provocou na ocasião.

O Sul do Sudão, no entanto, mostrou a Mora que ela não era tão dura na queda quanto pensava ser. A África era mais do que havia imaginado; ela se apavorou. Na primeira noite, dormimos em uma cabana de concreto com chão de terra, que era usada por trabalhadores voluntários.

Haviam cavado buracos embaixo de cada uma das cabanas, onde poderiam se esconder rapidamente no caso de aviões bombardearem o acampamento. Quando Mora estava pegando no sono, uma lagartixa caiu sobre o saco de dormir e ela gritou até não poder mais. Os insetos deixavam-na apavorada.

— Ai, meu Deus! – dizia toda vez que via algo estranho.

Eu só fazia rir. Bem-vinda ao meu mundo.

No dia seguinte, seguimos por um caminho de terra árida que parecia não ter fim, repleto de rachaduras causadas pelo sol. Nossas cabeças iam batendo nas janelas à medida que o carro caía nos buracos e passava por cima das pedras. Depois entramos na floresta, onde diminuímos a velocidade, porque a estrada estava molhada e era cheia de curvas. Enfim chegamos a Tonj. Havia milhares de refugiados vivendo em construções de pedras, sob bancas no mercado – onde não havia muita coisa à venda além de cigarros e sabonetes – e em barracas frágeis. Em pé, um homem alto e magro usando um macacão azul-turquesa mastigava um graveto. Algumas mulheres com vestidos largos e lenços na cabeça estavam sentadas em um banco. Havia um centro de nutrição para crianças subnutridas.

Continuamos a viagem de carro por mais uma hora e meia até uma pequena aldeia, onde tinha esperanças de encontrar alguém da minha família.

— É só isso? – Mora indagou, olhando um aglomerado de cabanas e construções de pedra, e a vasta pastagem que se estendia mais adiante.

— Morei em um lugar desses por seis meses quando era criança – falei.

Essa aldeia, que em geral abrigava em torno de cem pessoas, era diferente daquela onde minha família havia ficado. O ar estava denso com a fumaça que saía das fogueiras usadas para cozinhar; o aroma me levou de volta à minha infância. As emoções tomaram conta do meu corpo e tive vontade de me agachar e puxar os joelhos contra o peito. Senti saudades da minha mãe por um momento.

Não fazia nem meia hora que estávamos lá quando vi uma senhora se aproximando na trilha. Ela parecia estar muito nervosa e agitada. À medida que se aproximava, percebi que era a irmã mais nova de minha mãe, Alwet. Estava mais velha agora, mas mesmo assim consegui reconhecê-la. Ela costumava vir da aldeia e ficar semanas na nossa casa, tomando conta de mim. Ainda mantinha a postura ereta, mas o cabelo já apresentava listras brancas.

— Tia Alwet! – gritei em dinka.

Foi tão bom revê-la!

Abraçamo-nos e choramos compulsivamente. Ela pensava que nunca mais nos veria de novo. Senti tanta emoção; nunca imaginei que fosse ser assim tão intenso. Essa era a tia que todos amávamos tanto, que havia sofrido muito na vida. Não apenas durante a guerra, que, a julgar pela aparência magra e fraca, tinha sido dura com ela, mas também antes dela.

Quando era criança, Alwet casou-se com um homem bruto. Depois de dois anos, ainda não tinham conseguido ter filhos. Obviamente, o homem colocou a culpa nela – jamais passaria pela cabeça de um aldeão dinka que a infertilidade pudesse ser causada por seus próprios problemas físicos, e não pelos da mulher. Tomado pela frustração, ele batia nela, exigindo um filho. Então, concluiu que ela era inútil e a devolveu para o pai, fazendo questão de pegar de volta as vacas que havia dado em pagamento pelo casamento. Foi uma humilhação tremenda para ela e para a família. Alwet aceitou a rejeição do marido e passou a morar sozinha e a criar o próprio gado. Na aldeia, era excluída, mas durante todo o tempo manteve uma discreta dignidade. Anos depois, ajudei-a a ir para o Quênia, para escapar da opressão que enfrentava na aldeia. Ela adotou duas crianças que haviam ficado órfãs e emigrou para a Austrália, onde, aos poucos, aprendeu a se adaptar à vida moderna.

Naquele dia em Tonj, disse que, quando ouviu dizer que uma das filhas da sua irmã estava a caminho, reuniu alguns outros parentes meus, que eu não conhecia, e andaram por horas. Ela não sabia que sobrinha iria encontrar – eu ou uma das minhas quatro irmãs. Estava tão magra, parecia tão desgastada e cansada, que caí em prantos. Minha tia colocou os braços em volta de mim e pediu:

— Alek, não chore. Por que está chorando? A vida é boa.

Ficamos colocando todas as notícias em dia. Mora ficou ao lado, sem conseguir entender nem uma palavra.

Então contei a Mora que meus parentes queriam sacrificar uma cabra para nos abençoar e nos unir a meus espíritos ancestrais.

— Você está de gozação, né?

Contei a ela que o sacrifício de animais é algo muito importante nos rituais dinkas. Raramente abatemos animais só para nos alimentarmos, mas, em ocasiões especiais, podemos matá-los para agradar os espíritos que nos cercam. Mora não suportava a ideia de vê-los matando a cabra que tinham trazido com eles. Ela me implorou que não deixasse aquilo acontecer.

— Olhe para aquele animal – ela disse, apontando a cabra de pelo comprido e sujo de poeira. — Não podemos deixar que matem esse bicho só por causa da gente.

— Mora – expliquei —, é assim que fazemos.

— Não posso ver isso.

— Vou pedir para usarem uma galinha, então. Está bem assim?

Ela mordeu o lábio e fez que sim com a cabeça. Meus parentes concordaram. Estávamos lá conversando não fazia nem 15 minutos quando uma mulher – com uma expressão de pavor estampada no rosto – saiu do meio do mato segurando uma criança pela mão e um bebê no outro braço. Vestia apenas alguns trapos. As pernas do menino eram duas varetas, a testa e os olhos projetavam-se para a frente de forma anormal, e a barriga estava inchada, com veias grossas, visíveis na pele. A bebê, nos braços da mãe, estava quase inconsciente, os olhos virando para trás. Estava morrendo.

— Ajudem-me – ela gemeu.

Havia mosquitos picando a bebê.

— Minha neném – ela disse.

A bebê parecia quase morta de desnutrição e havia uma crosta amarela em torno dos seus olhos. Estava apática, apodrecendo em roupas imundas. Nunca havia visto algo tão pavoroso.

— Não comemos nada há semanas – a mulher disse, e caiu no chão.

— Temos de levar a neném a um centro de nutrição – falei.

Grupos de ajuda humanitária mantêm estruturas na área, para ajudar as pessoas desnutridas, mas, para conseguir auxílio, era preciso chegar às tendas. Queria ficar com minha família, mas não conseguiria conviver com o fato de ver aquela criança morrer.

Minha família, entretanto, pensava diferente. Viam crianças assim toda hora. Para eles, fazia parte da vida.

— Convivemos com isso todo dia – minha tia contou. — É assustador, mas não há nada que possamos fazer. Temos de prosseguir com o sacrifício, ou os espíritos não vão ficar contentes.

Quando contei a Mora o que minha tia havia dito, uma expressão horrorizada cruzou seu semblante.

— Temos de continuar, ou despertaremos a ira dos espíritos – minha tia falou de novo.

— Certo – disse, pedindo à mulher que sentasse com os filhos embaixo de uma árvore. Demos a ela um copo de água enquanto um dos homens, que tinha vindo com a minha tia, pegou uma galinha nos braços e começou a recitar algumas feitiçarias, invocando os ancestrais. Então, fez um corte no pescoço da galinha com uma faca, e o sangue jorrou. Foi tão horrível! Aquela mulher estava quase morrendo, e cá estávamos nós, fazendo um ritual que não significava muito para mim, pois havia crescido distante desses costumes. Nunca me esquecerei daquela cena. Não parava de olhar para a criança, e ficava repetindo para mim mesma: "Por favor, Deus, não permita que ela morra".

Minha família também não queria vê-la morrer. Apressaram-se no ritual de sacrifício. Um dos homens segurou a galinha pelos pés e cortou-lhe a cabeça com uma lança. Colocaram o corpo no solo e ele começou a correr de lá pra cá, sem cabeça, enquanto os mais velhos entoavam rezas para me introduzir de novo no mundo espiritual, que havia deixado para trás quando me mudei para Londres, e para proteger Mora e a mim na viagem. Então, um dos homens mergulhou a galinha na água e, segurando os seus pés, girou-a, espirrando água e sangue para todos os lados.

Alguns minutos depois, peguei a bebê e a carreguei para o nosso veículo o mais rápido que pude, para que pudéssemos levar com rapidez tanto ela quanto o irmão para o centro de nutrição em Tonj. Falando assim, parece que estamos nos referindo a um lugar onde se engorda gado. Infelizmente, era muito pior que isso.

O lugar era mantido pelos Médicos sem Fronteiras. Eles receberam as crianças imediatamente e colocaram faixas especiais nos braços delas, em torno do bíceps. As faixas, chamadas "braceletes da vida", tinham fortes gradações de verde, amarelo, vermelho e laranja. Quando o médico prendia bem o bracelete, ele indicava o grau de desnutrição da criança. Para as duas crianças deu vermelho, o que significava que, sem tratamento, morreriam em breve.

Deixamos a mãe com os filhos no centro de nutrição. Como estávamos com as Land Rovers, perguntei se poderíamos levar minha tia e outros parentes de volta para a aldeia deles. Depois de passada a aldeia onde nos encontramos, levamos ainda uma hora para chegar lá de carro, passando por campos desoladores. Deu para ter uma ideia do esforço que haviam feito, caminhando só para me ver. Já estava ficando escuro quando chegamos à aldeia deles, mas a equipe do Comitê Americano para Refugiados e Imigrantes achou melhor voltarmos a Tonj mesmo assim, por medida de segurança. Chorando, disse adeus a minha tia. Foi um prazer tão grande tê-la revisto.

Retornamos às nossas tendas em Tonj e tentamos dormir. Deitada, sem conseguir pregar o olho, pensei naquelas crianças desnutridas. O que teria acontecido com elas? Imaginei que os médicos deveriam tê-las alimentado com Nutriset, uma fórmula fortificante à base de leite, mas mesmo assim temia por elas. Na manhã seguinte, voltamos ao centro de nutrição para vê-las. Estavam fracas, mas visivelmente em melhor estado. Os olhos da bebê haviam recobrado a vivacidade e fitavam o mundo. Fiquei aliviada ao vê-la viva. A mãe parecia estar na mesma. Os médicos disseram que ela tinha passado fome por tanto tempo que só conseguia ingerir quantidades mínimas de comida. Ela nos contou histórias de como havia andado por semanas, carregando os filhos, sem terem nada para comer. E sobre as amigas, que haviam sido estupradas. E sobre como tinha perdido os outros três filhos para a fome enquanto tentava encontrar um centro de nutrição. E sobre como as milícias haviam roubado ou destruído tudo que ela tinha. Haviam matado seu marido enfiando-lhe uma faca no meio do corpo. Mas ela estava viva.

E ali estavam aqueles generosos voluntários, arriscando a vida para ajudar famílias como aquela. Uma guerra sem sentido e médicos sem egoísmo algum. Espalhavam-se por toda a área rural, até nas mais minúsculas aldeias. Alguns viviam em abrigos subterrâneos, para proteger-se dos bombardeios das forças do governo.

Outras organizações humanitárias também haviam se instalado em Tonj. A Cruz Vermelha tinha um centro que servia – a centenas de adultos inválidos – duas refeições por dia: feijão e mingau de milho. Outras serviam comida a pessoas que, apesar de famintas, não apresentavam nenhuma deficiência física. Essas pessoas chegavam e esperavam pacientemente em filas por tigelas com comida. Muitos não tinham roupa alguma, outros usavam apenas uma blusa. Vi um adolescente deitado imóvel no chão, com os ossos salientes sob a pele, enquanto o médico lhe dava aos poucos uma xícara de Nutriset. Ele contou ao médico, com a voz fraca, que havia andado por duas semanas para chegar a um centro de nutrição infantil, mas, como já era adolescente, negaram-se a alimentá-lo. Andou por mais três dias até chegar a Tonj. Os pais, irmãos e irmãs haviam morrido, todos eles. Diante dos meus olhos, ganhou força após beber o líquido, mas o médico não podia fazer muita coisa. Quando foi capaz de andar, o médico mandou que se juntasse aos outros refugiados que estavam amontoados em uma das construções ali perto. Ele não podia nem mesmo oferecer um cobertor ao menino, apenas outra refeição pela manhã.

•

Foi um alívio sair do Sudão. Era demais para mim. Senti uma culpa imensa, afinal havia escapado e conseguido prosperar, enquanto milhões dos meus compatriotas estavam sofrendo. Não conseguia compreender o que o governo esperava conseguir com aquela guerra que travava com o próprio povo, mas entendia por que os rebeldes não desistiam da luta. Como poderiam ceder à dominação do Norte?

Quando voltei a Nova York, minha viagem recebeu uma baita publicidade. As pessoas viviam me dizendo que, antes de a minha viagem ser divulgada, não faziam a menor ideia do que acontecia na África. Que sensação boa a de saber que conseguira ajudar de alguma forma, mesmo que apenas um pouquinho. Eu tinha voz, e a usava. Isso fez com que ser modelo valesse a pena.

No decorrer dos anos, participei ativamente do Comitê Americano para Refugiados e Imigrantes, e também contribuí com outras organizações, como o Alto Comissariado das Nações Unidas para Refugiados. Apareci em propagandas para a primeira campanha deles, "Respeito", junto com Madeleine Albright, que era secretária de Estado do presidente Clinton. A campanha usava a música *Respect*, de Aretha Franklin, para chamar atenção às necessidades dos refugiados. Meu trabalho com refugiados me levou a outros trabalhos voluntários. Por exemplo, um encontro com a primeira-dama Laura Bush para o projeto Red Dress [vestido vermelho], que usa imagens de um vestido vermelho como símbolo da prevalência de casos ocultos de doenças cardíacas entre as mulheres. A campanha estimula mulheres a tomarem providências para afastar a doença e proteger o coração. Falei em inúmeras escolas sobre os refugiados e a necessidade de o estudo ser levado a sério.

Mas nunca nada me comoveu com tanta intensidade quanto aquela mãe e seus filhos, que precisavam com desespero da atenção do mundo. Literalmente, um caso de vida ou morte.

Capítulo 11

Quando tinha 12 anos, meu pai falou comigo do seu leito de morte em Cartum.

— Alek, você tem de ir para Londres. Viva em paz. Eduque-se. Prospere – disse-me.

Suas palavras me incentivaram. E, hoje, sou uma modelo bem-sucedida, dona da minha própria casa.

Em 1998, Mora deixou a IMG e comecei a trabalhar com uma nova agente, Maja Edmondson. Tive muita sorte na vida com meus agentes: Maja revelou-se muito competente em projetar minha carreira, assim como Mora havia sido. Continuei trabalhando pelo mundo todo e tudo estava indo bem. A única coisa que inspirava cuidados era minha pintura. Depois de me mudar para Nova York, ainda continuei por um tempo, mas, quando comecei a viajar com mais frequência, ficou muito difícil. Sentia uma falta tremenda, porque pintar faz bem à minha alma. Pintar me acalma e me dá uma sensação de conforto que eu amo. A vida tem um jeito engraçado e todo seu de nos presentear com oportunidades antes mesmo que se saiba que elas existem, e foi assim que viajar acabou sendo de grande valia para minha arte. Sempre viajava com malas de tecido, que eram ótimas, pois nelas cabia muita coisa, mas não eram muito bonitas nem tinham bolsos. Eu me peguei pensando em bolsas de viagem enquanto voava. E em que tipos seriam ideais para mim. Então comecei a esboçar algumas.

Meu pai sempre carregava uma maleta simples com um fecho de metal, todo dia, quando saía para trabalhar. Era prática e bonita. Aquela maleta me inspirou quando comecei a desenhar bolsas como passatempo nos voos mais longos. Descobri que criar bolsas era uma atividade perfeita para mim, pois envolvia cor, textura e formas, e podia desenhar facilmente nas viagens, levando somente meu caderno; não precisava ficar carregando de um lado pra outro todas as minhas telas e tintas.

Em uma semana em que não estava viajando, decidi fazer uma bolsa em casa. Costurei uma bolsa na minha velha máquina de costura, usando um pedaço de tecido verde-escuro. Fiz uma alça com base em um cinto preto de couro, que tinha uma fivela, assim era possível ajustar a altura. Era uma versão bastante simples de uma bolsa modelo carteiro.

Mostrei a alguns amigos, e eles adoraram, mas nem passou pela minha cabeça vendê-la ou produzir outras. Mas daí, certa noite estava jantando com um amigo que é *designer* de sapatos para a Donna Karan. Contei a ele sobre minha bolsa, e ele ficou muito surpreso que eu tivesse de fato produzido uma. Perguntou-me se já tinha pensando em criar outras.

— Bem, sim, estou sempre desenhando algumas – falei.

Mostrei a ele meus esboços. Ele sugeriu que eu fizesse algumas amostras e me apresentou a uma fábrica que poderia produzi-las.

— Mas tome cuidado – avisou-me. — Você tem de saber exatamente o que quer e os tamanhos exatos das bolsas, se não pode acabar desperdiçando muito dinheiro com os erros.

Tinha apenas 24 anos e estava entrando no mundo dos negócios, quase por acaso. Percebi que era o que realmente queria fazer. É evidente que, quando se é modelo, você se pergunta o que vai acontecer quando ficar velha demais para a profissão. Dessa perspectiva, eu sabia que o ramo de bolsas seria uma boa ideia. Decidi financiar o negócio todo sozinha e dei o nome de Wek 1933, em homenagem ao nome do meu pai e ao ano em que nascera.

Contratei uma fábrica para produzir 18 bolsas como amostras. Desenhei os modelos todos e tirei os tons de couro – chocolate, castanho, neutro, vermelho-escuro, azul-escuro, caramelo – dos meus quadros. Acessórios como correntes e fechos foram inspirados em bijuterias de latão que uma das minhas avós usava. Pesquisava em catálogos e na internet, e às vezes escolhia itens incomuns.

Provavelmente, gastei dinheiro demais nas amostras, mas cada detalhe do negócio foi um aprendizado, desde o início. No começo, era a vendedora. Ia a lojas, escritórios, *showrooms*, para vender minhas mercadorias. Para minha surpresa, a loja Barneys comprou bolsas para as filiais de Nova York, da Costa Oeste e do Japão. Lagerfeld Galerie comprou algumas. Collete, uma butique de Paris muito conhecida, comprou algumas também. Foi maravilhoso. A *Vogue* americana e outras revistas publicaram fotos delas.

Quando viajava, trazia amostras de cores e texturas de que gostava e fazia anotações sobre que sensações haviam despertado em mim. Quando chegava em casa, colocava um pedaço de papel na parede e começava a reunir diferentes ideias – esboços e figuras arrancadas de revistas. Com o tempo, aprendi a fazer eu mesma as medidas das bolsas, para que não sobrasse muita coisa para as fábricas.

Sempre administrei meu negócio da minha casa no Brooklyn. Tenho algumas funcionárias, jovens que têm ambição e com quem adoro trabalhar. Vamos levando. O negócio não é gigante, mas é bom. Tudo é bem-feito e bem-desenhado. Não estou visando lucro; quero fazer um trabalho de boa qualidade e ter um negócio que dure muito, muito tempo. Vou dizer a verdade: dá uma sensação gostosa ver alguém andando na rua, carregando uma bolsa Wek 1933.

Na época em que estava com 28 anos, o negócio já se sustentava sozinho e crescia a cada dia. Havia produzido muita coisa na minha casa, e era um arranjo bem confortável. Tinha um namorado ótimo, que morava na Itália, mas vinha me visitar com frequência. De modo geral, minha vida era muito boa. Mas um sonho ainda ficava incessantemente me cutucando: queria visitar o túmulo do meu pai e prestar uma homenagem ao homem que, no meu coração, estava sempre me guiando.

Em 2004, foi selado um acordo de paz no Sudão. As várias partes interessadas, inclusive o secretário de Estado americano, Colin Powell, reuniram-se no Quênia para discutir um acordo entre governo e rebeldes. A participação dos Estados Unidos foi importante, porque o Sudão havia servido de base para Osama Bin Laden, e o governo sudanês também apoiou Saddam Hussein na primeira guerra do Golfo.

O Acordo de Paz no Sudão foi assinado em Nairóbi, no dia 9 de janeiro de 2005. O acordo garantia que o Sul permaneceria autônomo por seis anos. Depois disso, haveria uma votação para decidir se o Sul se separaria do Sudão e formaria o próprio país. Caso não acontecesse isso, ambos os exércitos – o Exército de Libertação do Povo Sudanês e o do governo – se unificariam. A renda gerada pelos vastos campos de petróleo do Sul deveria ser dividida igualmente entre ambas as regiões. O povo do Norte ficaria com 70% dos empregos e cargos públicos; o povo do Sul, com os 30% restantes. O Norte continuaria vivendo sob a xariá, mas a Assembleia Geral Sudanesa, que contava com representantes do Sul também, votaria sobre a questão de impor a xariá no Sul. Não era um acordo magnífico, mas, considerando tudo que precedera a assinatura, a ideia de paz – mesmo que apenas por alguns anos – era um grande alívio.

Para mim, pelo menos.

•

Mesmo com a paz chegando a Wau e às aldeias, o governo estava intensificando a violência em Darfur, região no oeste do Sudão. A área abrange três estados e tem dois terços do tamanho da França. Mais de 7 milhões de pessoas viviam em Darfur, porém acredita-se que mais de 1 milhão tenha fugido nos últimos anos.

A população de Darfur é composta principalmente por muçulmanos, embora existam comunidades de dinkas e outros animistas e cristãos. Muitos dos muçulmanos são africanos de pele escura, e não árabes. Os árabes de Darfur, inspirados em parte pela ideia do presidente da Líbia, Muammar al-Gaddafi, de supremacia árabe na África, começaram a tentar dominar os não árabes, tanto os que eram muçulmanos quanto os que não eram. A fome, nessa região árida e praticamente sem estradas, levou a mais brigas na década de 1980. Pelos 15 anos seguintes, como lentamente se formavam vários grupos de rebeldes, o governo começou a trabalhar com a chamada milícia árabe Janjaweed. Essa milícia era composta por comunidades de pastores de camelos árabes.

Em 2003, os rebeldes se reuniram em um comboio de 33 carros Toyota Land Cruisers e atacaram a base militar do governo em Al-Fashir. Destruíram alguns aviões e helicópteros equipados com metralhadoras que se encontravam em pouso, e ainda capturaram o general que estava no comando. Os rebeldes perderam nove combatentes, mas mataram 75 soldados e maquinistas. Nos vinte anos que antecederam a guerra contra o Sul, o governo não havia sofrido perda tão séria em uma operação isolada.

Humilhado por essa e outras perdas, entre elas, um ataque em que quinhentos soldados foram mortos, o governo forneceu à milícia Janjaweed suporte e armas sofisticadas. Na primavera do ano seguinte, os milicianos já tinham matado milhares de habitantes de Darfur que não eram árabes e haviam expulsado centenas de milhares de suas aldeias.

Um dia típico funcionava assim: o governo identificava uma aldeia a ser atacada. Mandavam aviões de carga que lançavam barris de petróleo cheios de explosivos. Como essas "bombas" eram muito rudimentares, não tinham valor militar a não ser aterrorizar os civis. As bombas eram seguidas de helicópteros equipados com metralhadoras que atacavam em voos rasantes as construções e os civis que tentavam escapar. Era então que a milícia Janjaweed aparecia; vinham montados em camelos, empunhando revólveres e espadas, para terminar o serviço, estuprando mulheres e meninas e matando os homens. As aldeias árabes eram, na maioria das vezes, poupadas da destruição, enquanto as que não eram árabes eram arruinadas. Mesmo quando duas aldeias, uma árabe e outra não, estavam a menos de 500 metros uma da outra.

Toda noite, os acampamentos de socorro, montados por organizações de ajuda humanitária, recebiam as pessoas que saíam das aldeias para escapar da possibilidade de serem mortas no meio da noite por agressores. De manhã, andavam longas distâncias de volta às suas terras, para trabalhar na lavoura e pastorear o gado. Com o tempo, mais de 100 mil refugiados fugiram para o Chade e outros países limítrofes. O mundo respondia basicamente com retórica e mais nada. Alguns disseram que os Estados Unidos impediam a ONU de agir, pois queriam manter boas relações com Cartum, para que o governo não negociasse sua considerável quantidade de petróleo com os chineses. Quem sabe? Como alguém pode explicar horrores como os que aconteceram em Darfur? É possível que o número de mortos tenha chegado a 400 mil. Mais de 2 milhões ficaram desabrigados. Quando refletia sobre a paz negociada entre o Norte e o Sul, ficava me perguntando quando a paz chegaria também a Darfur.

Com imagens do Sudão constantemente na mídia, senti necessidade de voltar à minha terra natal. Era como se uma segunda mãe me chamasse.

•

Em 2004, me ligaram da produção da BBC perguntando se eu queria ir para o Sudão com uma equipe que faria um documentário. A ligação me pareceu um arranjo divino. Disse a eles que queria levar minha mãe comigo. Iríamos visitar o túmulo do meu pai e também procurar a irmã da minha mãe, Anok, que não via fazia mais de vinte anos. Ninguém sabia se estava viva ou morta.

Peguei um voo de Nova York para Londres a fim de buscar minha mãe e encontrar a equipe. Ao sair de Heathrow em direção ao meu carro, senti-me protegida. Quando cheguei a Londres pela primeira vez, 14 anos antes, tive a sensação de que era o primeiro lugar em que me senti realmente segura em toda a minha vida. Londres me envolvia em paz. Era bom estar de volta. No dia seguinte, minha mãe e eu fomos a um centro social na zona norte de Londres para encontrar algumas das mulheres com que ela se relacionava, e também alguns amigos meus de infância. Foi uma cena tão maravilhosa! As mulheres, que pertenciam a diferentes tradições, sentaram-se em círculo. Tocaram tambores e cantaram, emitindo sons com a vibração da garganta, enquanto pulávamos ao redor. Foi tudo em homenagem a mim e à minha mãe: estavam nos abençoando para que seguíssemos viagem com segurança e tranquilidade. Seria a primeira vez que minha mãe voltaria para casa. Essas mulheres me fizeram sentir orgulho de ser uma dinka.

— O Sudão é a minha casa. É de onde sou. O meu povo está lá. Então minhas orações sempre me deram a esperança de que um dia meu país estaria bem, que um dia poderia retornar – minha mãe disse a todas elas.

Coloquei alguns remédios e minhas botas na mala, e voamos as 7 mil milhas até Cartum. A cidade estava devastada. A paz tênue havia chegado muito recentemente, de modo que a prosperidade era ainda um sonho. A seca e a fome, além da guerra civil, tinham causado nitidamente muita dor e sofrimento à cidade. Como sempre, homens vestidos com túnicas brancas andavam sobre o dorso de burros ou puxavam carroças de madeira carregadas de mercadorias. Uma família estava encolhida no velho saguão de um teatro abandonado, com os olhos cobertos de poeira. Parecia que a cidade tinha acabado de sair de um sonho tenebroso.

Encontramos tio Deng em uma cafeteria. Ele nos cumprimentou com abraços.

— Alek, por que você está magricela assim? – perguntou, sem entender.

— É o trabalho dela – minha mãe explicou.

— Sou paga para ser magra – falei.

Ele achou graça e riu. Bebemos Coca-Cola mais uma vez nessa cidade onde havia experimentado Coca-Cola pela primeira vez. Para minha mãe, era como se nunca tivesse ido embora dali. Ela voltou ao estilo sudanês em um piscar de olhos. Para mim, havia uma distância maior. Tinha crescido em Londres e Nova York, na realidade. Mas, mesmo assim, a gente nunca esquece.

Meu tio, de terno e gravata, sorria sem parar. Estava extremamente feliz em nos rever.

— Não vejo minha irmã Anok há vinte anos – falou minha mãe. — Onde podemos encontrá-la?

— Acredito que, se ainda estiver viva, deva estar em uma das aldeias perto de Wau – disse tio Deng.

Ficou evidente que ele não ia às aldeias havia muito tempo.

Pegamos um avião a hélice, cruzamos o Nilo Branco e seguimos por mais de mil quilômetros em direção ao sudoeste, aterrissando na pista de terra vermelha de Wau. O aeroporto me pareceu tão pequeno, tão primitivo. Na minha lembrança era enorme e complexo, um milagre moderno. Já havia passado por dezenas de aeroportos desde então, mas nunca tinha visto outro como este, com helicópteros de guerra destruídos e um avião de carga imenso estraçalhado e inutilizado na beira da pista. Um grupo de homens se aproximou quando descemos do avião. Minha mãe abraçou-os. Não fazia a menor ideia de quem eram, então nos abraçamos no ar, no estilo sudanês, os corpos quase sem se tocar, mas dando tapinhas amigáveis nas costas um do outro. Depois descobri que eram parentes que não via desde que era pequenininha.

Do lado da pista, havia soldados usando uniformes camuflados e boinas, e portando rifles. Foi impossível não ficar receosa.

Ao atravessarmos a cidade de carro, minha mãe e eu ficamos chocadas com o estrago. A estrada estava toda esburacada; as construções ao longo dela, destruídas. O estádio grandioso, que sempre me sinalizava que estávamos chegando perto do aeroporto, estava desmoronando. Ninguém mais jogava lá.

— Isso não é Wau – falei para minha mãe.

— Não do jeito que lembramos, não. Mas ainda assim é a nossa casa – ela respondeu.

Paramos o carro em frente a uma construção baixa, feita de tijolos grandes e quadrados. Dois policiais estavam diante da porta.

— Mãe, nunca moramos aqui, moramos? – indaguei enquanto caminhávamos em direção ao policial.

— Esta é a casa onde você nasceu – ela explicou.

Dei uma olhada no quintal.

— Ah, é. Agora me lembro: havia algumas flores ali, e uma árvore linda aqui.

Ela confirmou com a cabeça. A casa agora era uma delegacia de polícia. Os policiais nos levaram às salas sujas.

— Lembro-me de papai ouvindo rádio bem aqui – falei.

A expressão de minha mãe era de suavidade, às vezes rindo, outras vezes beirando as lágrimas. Os policiais, percebendo o clima entre nós, mantiveram-se em silêncio e foram educados.

— Deus do céu, como as coisas mudam – minha mãe comentou quando entramos no carro e nos dirigimos à nossa segunda casa, o último lugar em que moramos em Wau. O portão de zinco, que havia nos protegido tão bem das milícias certa noite, agora pendia dos gonzos. Empurramos o portão e, com alguma dificuldade, conseguimos abri-lo. Entramos. Outra família estava morando na casa.

Não os conhecíamos; a casa não era mais nossa. Haviam construído uma cabana com telhado de capim no quintal. Nossas árvores frutíferas não estavam mais lá; o jardim estava destruído. Não havia vacas. A prole das vacas de minha mãe ainda estava na aldeia, onde ela as tinha deixado tantos anos antes. Um dia ela reclamaria os animais de volta; com certeza os reconheceria em um segundo, dizia. E precisaria das vacas para pagar o dote caso algum irmão meu se casasse com uma moça dinka. É claro que ela queria que todos nos casássemos dentro da tribo dinka.

A nova família nos mostrou a casa. Foi legal ver a nossa velha casa, apesar de não me sentir mais ligada a ela, e não me parecer que tivesse sido nossa. Mas, para a minha mãe, andar pela casa era um baque emocional muito forte, então não ficamos lá por muito tempo.

— Encontramos nosso lar aos pedaços, destruído pela guerra – ela disse para mim.

Depois, apontou para as casas de cada um dos vizinhos, um a um.

— Ouvi dizer que essa mulher morreu – ela disse. — Aquele homem está morto... esse aqui está morto. – Então ela se virou e apontou para a última casa. — E essa ali, a professora, sobreviveu e está hoje no Canadá.

Fomos ao poço onde eu costumava buscar água. Os cadáveres que apodreciam na grama da última vez em que estive lá tinham sumido, e tudo parecia abandonado. Muito embora Wau sempre tenha sido uma cidade simples, havia mudado muito, e o aspecto agora era de decadência.

Nesse momento uma mulher alta, usando uma roupa cor de violeta, apareceu e chamou pela minha mãe.

— Akuol, é você?

Como não havia telefone, nem telegrama, nem correio, tampouco internet, essa mulher, que havíamos conhecido quando morávamos em Wau, não tinha como saber quem ainda estava vivo. Supunha que estivéssemos todos mortos. Ela desatou a chorar e minha mãe a abraçou e acariciou seu cabelo.

Wau era agora uma cidade de refugiados. A população havia aumentado em 50 mil pessoas desde que partimos. Muitos haviam se estabelecido em acampamentos. Vi uma família vivendo em uma casa com muros de barro e telhado de lona. Uma senhora estava sentada no chão de terra, desanimada. Poderia ser a minha mãe, pensei. Uma moça jovem com uma muleta e uma perna atrofiada. Poderia ser eu.

Essas pessoas não imploravam por esmolas. Queriam ferramentas e a possibilidade de fazer algo, qualquer coisa. E encontrariam, tinha certeza. Eram pessoas muito determinadas.

Mais à frente, encontramos um jovem rapaz dinka, que estava sob uma árvore dando gotas de vacina contra poliomielite para crianças pequenas. Ele nos contou que era responsável por uma área do tamanho de Londres. Os gastos que tinha e o seu salário eram cobertos pelos Médicos sem Fronteiras. Moscas zuniam perto do rosto das crianças. Elas estavam sujas; algumas nuas. Ao que parecia, o trabalho dele era ingrato e não tinha fim, mas estampava um belo sorriso no rosto. À medida que conversamos, ficou evidente que éramos parentes, pelo lado do meu pai. Senti muito orgulho.

Seu nome era Wilson Angeng. Disse-me que meus familiares haviam se dispersado para todos os cantos do Sul do Sudão. Minha mãe se perguntou se algum dia iríamos encontrar a irmã dela.

• • •

Subimos a ladeira e passamos por alguns meninos brincando na terra com a roda de uma bicicleta. No alto do morro, sentei-me e me lembrei de que costumava ir lá com meus amigos. Brincávamos e cantávamos músicas, e, se tivéssemos muita sorte, avistaríamos um avião. Adorava pensar nos lugares exóticos para onde, com certeza, estariam voando. Recordei de como sonhava viajar pelo mundo naquela época.

Na manhã seguinte, partimos em um caminhão para a aldeia de Talakong, onde minha mãe achava que poderíamos encontrar a irmã dela. O motorista teve de evitar algumas estradas, pois temia que ainda houvesse minas terrestres escondidas nelas, herança da guerra civil. As estradas que podíamos pegar eram difíceis e esburacadas: levamos oito horas sem parar para atravessar menos de 350 quilômetros.

De repente, vimos um conjunto de pequenas casas de barro com telhados de capim em formatos cônicos que, a distância, pareciam cones de casquinha de sorvete.

— É ali! – exclamou minha mãe.

Chegamos de surpresa, visitantes não anunciados. O pai da minha mãe teve sete esposas, portanto a família dela aqui era bastante complicada. Um dos irmãos de criação a reconheceu e veio lhe dar um abraço. Em instantes, estávamos cercados de familiares que eu nunca tinha visto. Minha mãe tentou me apresentar a todos, mas nem ela conseguia acertar direito quem era quem. Não havia problema: eram nossa família e nos receberam com carinho.

Falavam muito rápido; tentava responder da melhor forma possível, mas fiquei bastante constrangida pelo meu dinka, que estava enferrujado. Sei que devem ter pensado: "O que essa garota está tentando dizer?". Minha mãe se misturou sem a menor dificuldade. Um dos rapazes correu para buscar a madrasta da minha mãe. Quando a mãe dela morreu, essa mulher tomou conta dela. É um costume dinka que o membro mais velho da família dê a bênção a visitantes que estiveram longe da comunidade por muito tempo. Enquanto estávamos no terreiro, galinhas ciscavam o chão e o gado mugia. A aldeia parecia tão viva quanto qualquer cidade.

Uma senhora veio caminhando devagar, atravessando o terreiro. Minha mãe emocionou-se: havia lágrimas em seus olhos quando ela se aproximou da mulher careca, de coluna arqueada. A mulher estava confusa.

— É a Akuol – um homem disse. — Akuol, Akuol.

— Akuol? – disse a velha senhora, e seu rosto se iluminou. Elas se abraçaram. Então eu a abracei. Ela nos purificou, derramando água em nossas mãos e pés e passando a mão em nossos rostos.

Na manhã seguinte, fomos ao local onde estavam enterrados os restos mortais da família da minha mãe. Lá os homens mais velhos se reuniram com lanças ao lado. Um boi de grande porte estava amarrado a uma estaca.

— Estamos reunidos aqui para homenagear o retorno de filhas da nossa tribo – disseram.

Cantaram, dançaram e pularam no ar fazendo sons com a garganta e a língua. Temi pelo animal. E é óbvio que um homem recitou feitiçarias enquanto outro pegou uma lança para cortar a veia do boi. Fiquei horrorizada, mais uma vez, com esse sacrifício. É uma parte da minha cultura com a qual não consigo me acostumar, mas, ainda assim, respeito.

— Ter o amor do meu povo declarado assim me faz feliz – disse minha mãe. — Sem isso não somos nada.

Os túmulos de meus ancestrais estavam ali perto, em meio a um bosque. Cada pessoa havia sido sepultada em um cone alto de barro. Os nomes estavam inscritos ao lado. As sepulturas tinham monumentos de barro feitos para se assemelharem quase a rostos humanos, ou a chifres, como os de gado. Vi o túmulo do meu avô. Ver aquilo me deu uma sensação estranha, um tanto assustadora.

— São nossos pais – minha mãe falou. — Os espíritos mortos. Sempre que chamamos por eles, vêm nos ajudar. Sem eles, acredito que ninguém pudesse estar vivo.

Pedi a meus ancestrais que levassem minha mãe ao encontro da irmã, Anok.

• • •

Lembrava-me muito bem da tia Anok. Quando tinha quatro anos, as mulheres dinkas queriam furar a minha orelha. Eu me recusei: não queria que me machucassem. Minha mãe disse:

— Anda, Alek. Vamos acabar logo com isso.

Corri, mas tia Anok me perseguiu. E me pegou. Ela furou minhas orelhas ali mesmo.

Dirigimos por mais algumas horas, com destino a uma aldeia onde ela poderia estar, segundo o que nos disseram. Essa aldeia havia sido o epicentro da guerra civil. Receávamos que todos estivessem mortos. Estávamos na aldeia árida havia pouco tempo quando minha mãe viu uma mulher andando em nossa direção e correu até ela. Ela a abraçou com força e, aos prantos, disse "Anok, Anok, Anok", repetindo sem parar.

Minha tia estava muito magra. Parecia tão mais velha. Havia perdido alguns dentes, e outros se projetavam para fora. Ela não conseguia acreditar no que os olhos viam.

— Akuol, é você mesmo? – perguntou.

A felicidade tomou conta da minha tia. Ela já havia perdido a esperança de um dia ver a irmã de novo.

Os aldeões pegaram pó e cinzas das terras ancestrais e esfregaram no meu rosto e pescoço para nos reunir como uma família aos espíritos dos antepassados. Entoaram cânticos e bateram palmas. Cobriram o rosto da minha mãe com terra, sopraram apitos, cantaram e emitiram sons, fazendo vibrar a língua.

Naquela noite, minha mãe se sentou à beira da fogueira e olhou para mim.

— Tantas noites nos sentamos assim, Alek. Tantas noites quando estávamos indo para a aldeia. Estendia cobertores e você dormia lá com seus irmãos e irmãs – ela apontou para diferentes lugares ao redor da fogueira. — Seu pai ali e eu aqui. – Ela olhou para a floresta escura com um olhar distante. — De manhã, se não havia comida, esquentava um pouco de água e dizia para vocês que era chá.

•

No dia seguinte, tomamos o rumo de volta a Wau, para pegar um voo para Cartum. No caminho, enquanto passávamos de carro pelo mato, minha mãe falou da nossa família e da vida dela.

— Seu pai era um homem muito calmo e forte – disse ela. — Ele queria que vocês conhecessem seus direitos. Que tivessem bons valores. Juntos, eu e ele fizemos o melhor possível para que todos vocês, os nove, tivessem boas oportunidades na vida.

Passamos a noite descansando em Cartum e, na manhã seguinte, saímos naquele calor brutal para achar o túmulo do meu pai. Quando chegamos ao cemitério, minha mãe parecia confusa. Tudo estava diferente.

— O que aconteceu aqui? – ela perguntou ao zelador.

— Muitas pessoas mortas – respondeu ele. — Nesses últimos anos, morreram pessoas demais.

O cemitério era agora um campo seco e vasto, repleto de túmulos e sem nenhum arbusto, nenhuma folha de grama e nenhuma flor à vista. Alguns cadáveres estavam enterrados em caixas de cimento sobre o solo. Outros em caixas de madeira na terra, os nomes escritos com tinta em varetas no chão. Meu pai havia sido enterrado no solo, em uma cripta de cimento. Nunca tinha visto, porque as crianças eram proibidas de visitar os mortos.

Enquanto andava por entre as tumbas, minha mãe estava visivelmente perturbada, com medo de que não fosse encontrar meu pai. Vagamos por uma hora. Ela ficou desesperada. Então, de repente, algo pareceu familiar na seção antiga do cemitério. Lá estava o túmulo do meu pai, o nome gravado no cimento.

Senti uma baita tristeza. Minha mãe desatou a chorar.

Eu a abracei e então nos aprumamos. Ela disse:

— Vim aqui com a sua filha para visitar o túmulo. A guerra nos mandou para longe em busca de segurança. Agora, as crianças estão todas bem. Alek está aqui neste momento. Ela se tornou muito bem-sucedida na vida. Quero que seu espírito continue com os nossos filhos, nos abençoando. Procuramos o seu túmulo por muito tempo. Achamos que nunca mais o encontraríamos, mas aqui estamos nós. Eu te suplico que cuide de nossos filhos...

Comecei a chorar copiosamente.

— ... para que possam viver bem.

A vida me mostrou que ele atendeu à súplica.